开设校本课程　提升办校水平
（总序）

学校教育是一项培养人才的综合系统工程。当今时代，伴随着信息化社会的到来，知识增长日新月异，知识经济蓬勃发展，学校的教学重点确实不应该再是单纯的传授课本知识的教学，而应该是全方位的素质教育。素质教育的实质是追求每个学生的全面发展和个性发展。因此，素质教育必然和多元教育、特色教育相联系，这是毫无疑问的。我校的校本课程，正是在这样一个大背景下诞生的。

不可否认，作为一所市级示范中学，我校和兄弟学校一样，不得不面对“统考”的制约和“升学”的重压，学生被动地接受知识，其主体性长期受到压抑。因此，端正办学思想，实施素质教育的一个紧迫任务，就是要通过教育教学改革，培养学生的主体人格，提高学生的全面素质，而课程问题则是学校教育的中心问题。学校推进素质教育，必须通过和谐完美的课程内容才能实现。但是，在“应试教育”的影响下，统编教材、统一考试严重制约着整个学校的教学活动，使“教材服从于考试，考什么老师才教什么，教学服务于升学”，这就导致了整个教育过程成了“应试过程”。升学考什么，学生才学什么，完全背离了课程教材的本质属性，背离了全面育人的目的。而且，单一的课程设置、繁杂的教材内容、灌注式的教学方法使素质教育很难推进。学校工作的最大规律就是以教学为中心,全面推进素质教育也必须以教学为主渠道和主阵地。所以,素质教育必须通过一系列课程改革去实现。新的时代赋予了教育全新内容:教育就是生活,教育就是实践。教育的目的就是教会学生生活,教会学生做人。我校校本课程的确立,可以说就是教育的全新内容和教育目的的良好实验。校本课程是指学校在保证国家和地方课程基本质量的前提下,通过对在校学生的需求进行科学评估,充分利用当地社区和学校的课程资源而开发的具有地方特色和学校特色、可供学生选择研读的课程。我校精心编撰的校本教材系列丛书有《中华传统美德故事选读》《中学生礼仪教育读本》《人生第一课》《春天的落叶》《实验中学学校文化理念解读》《中学生心理教育活动指南》。这些校本课程的开设,其整体性、基础性和目的性非常明确,具有很强的育人功能,使学生的政治思想素质、科学文化素质、身体心理素质和劳动技能素质,以及健康的审美、心理素质都将得到提升,实现素质教育课程化。学生要学会做人、做事,离不开全面素质的提高,而要提高学生的这些素质,真正学会做人和做事,又必须以特色教育为中心。甚至还可以这样说,校本课程是全面进行素质教育的中介和核心。我们通过校本教材的编撰和校本课程的开发研究,不但找到了教育创新的目标和方向,而且还找到了通过全面教育去逐步实现素质教育的途径和联结点。有了这一明确的思路,有了这些颇具特色的课本教材,全面贯彻方针,面向全体学生,全面提高学生素质,发展学生个性特长和组织教育教学活动,有了理论和教学依据,便奠定了坚实基础。

校本课程开发是当今世界学校课程改革的一种趋势和潮流,也是未来基础教育课程改革的一种基本取向。通过对校本课程的开发和校本教材的编撰,我们深刻地认识到:只有真正在整个教育教学过程中,确立全方位的教育基础点和学生的学习主体地

礼仪与美德

——宁陵县实验中学校本教材系列丛书（之一）

褚洪勋　主编

山东大学出版社

图书在版编目(CIP)数据

礼仪与美德 / 褚洪勋主编. —济南 ：山东大学出版社，2016.8

(宁陵县实验中学校本教材系列丛书 ；之一)

ISBN 978-7-5607-5615-8

Ⅰ. ①礼… Ⅱ. ①褚… Ⅲ. ①礼仪－中学－教材 ②品德教育－中学－教材 Ⅳ. ①G635.5 ②G631.6

中国版本图书馆 CIP 数据核字(2016)第 226060 号

责任编辑：陈海军

封面设计：张 荔

出版发行：山东大学出版社

社 址 山东省济南市山大南路 20 号

邮 编 250100

电 话 市场部(0531)88364466

经 销：山东省新华书店

印 刷：沂南县汶凤印刷有限公司

规 格：880 毫米×1230 毫米 1/32

5.25 印张 132 千字

版 次：2016 年 8 月第 1 版

印 次：2016 年 8 月第 1 次印刷

定 价：20.00 元

位，全面落实《中共中央、国务院关于深化教育改革、全面推进素质教育的决定》，认真开好校本课程和活动课，才能逐步缓解“片面追求分数”的压力，逐步完成由“应试教育”向“素质教育”转轨的任务，从而整体提高学生素质，提高办学水平，造就未来英才。

开设校本课程是一项新生事物，更是一种历史性的创新与进步。课程改革和创新是一项浩大的综合工程，是对传统教育的挑战，牵涉面很广，需要研究的课题很多，如转变观念问题、办学条件问题、教师素质问题、资金投入问题等等。我们对校本课程的编写和设立，虽然进行了一些研究和探索，取得了一点成绩，但我们的思考和实践，比之兄弟学校还显得肤浅。我们愿抛砖引玉，求教于大家，以寻求更好、更为科学而有效的途径，为搞好素质教育做出应有的贡献。

编　者

2016 年 3 月 6 日

目 录

上编 中华礼仪

下编 中华传统美德

上编　中华礼仪

第一章　礼仪概述

中华民族素有“礼仪之邦”的美称，源远流长的华夏文明不但哺育了勤劳勇敢的炎黄子孙，孕育了灿烂辉煌的东方文化，而且还形成了一套优雅完善的礼仪风范。今天，随着对外交流的密切，西方一些先进的礼仪陆续传入中国，与我们积淀了上千年的中国传统礼仪融会贯通，进入我们的日常生活。它就像润滑剂，为营造一个平等、友爱、互助的新型人际关系环境，起着不可忽视的作用。

一、礼仪的含义及产生

(一)礼仪的含义

礼仪是一个复合词，由“礼”和“仪”两部分组成。

礼，《说文》解释说：“履也，所以事神致福也。”所以说“礼”本来反映的事物是祭祀敬神，以求神灵降福。

仪，《说文》解释说：“度也。”指一定事物保持在一定的界限、范围内，不可逾越。

把“礼”和“仪”这两个字放在一起联用，意思是按一定的制度、法则、标准、规范和一定的形式容止，去“事神”“致神”，去表达某神敬意。

不过，在之后的发展中，“礼”的内涵越来越丰富了。除了由祭祀敬神引申扩张，把为表敬意或表隆重而举行的仪式也称为“礼”外，又泛指奴隶社会或封建社会等级制的社会规范和道德规范及行为规范。由于礼仪表达的是敬意，并且是针对不同对象表示不同程度、不同形式的敬意，因此，礼仪不仅明确了不同对象的不同地位，规定了各种不同的关系，而且还成为了调整、处理不同关系的一种手段。

所以，礼仪是一个广泛的概念，可以将任何活动中有利于处理相互关系的言行举止等内容包括在内。在当今时代，礼仪是社会规范和道德规范的一部分，它既可指为表示敬重举行的仪式，也可指社会人际关系交往中的环节。

准确地说，礼仪是人类社会为维系社会正常生活而共同遵循的道德行为规范。它属于道德体系中社会公德的内容，是人们在长期生活和交往中逐渐形成，并以风格、习惯和传统等形式固定下来。

(二)礼仪的产生和演变

礼仪产生于原始宗教，同原始宗教紧密联系在一起。原始先民在社会实践中逐渐认识到许多自然现象与自己的生活有密切联系，如风雨雷电、土地、山林等既可以给人造福，成为衣食之源，又可以给人带来灾难。先民们觉得这些自然现象具有无穷的威力，是很了不起的，于是产生了崇拜，祈求大自然降福消灾，这就有了宗教信仰。原始先民们对自然和神灵表示虔诚崇拜，创造出了各种崇拜的过程和方式，于是产生了礼仪，如祭天有祭天的礼仪，祭地有祭地的礼仪，祭祖有祭祖的礼仪。古代宗教盛行，礼仪也特别繁多。

礼仪本是对神的崇敬，但随着人们认识能力的提高，礼仪的含义扩大了，也表示对人的崇敬，而且创造了种种崇敬的形式，人由敬神发展到敬己，这在意识发展史上是一次大的进步。礼仪含有了对人的敬意之后，逐渐进入了政治范畴，成了儒家学说中很重要的内容之一。

儒家学说的创始人孔子对礼仪非常重视，他说："非礼勿视，非视勿听，非礼勿言，非礼勿动。"(《论语·颜渊》)孔子之所以对礼如此重视，是因为礼所代表的是孔子理想中的一种政治局面：其一是"和"，仁而爱人必须"和"，"和为贵"称为先王之道。其二是"让"，即谦让，不要争，要安分守己。其三是"序"，秩序，君君臣臣，父父子子；贵贱有等，亲疏有体，长幼有序。

特别应当指出的是，孔子不仅高度重视、热烈赞美礼仪制度，而且概括总结前人成果并创造性地构建了一个道德规范、道德观念体系，与礼仪制度相匹配，强调德教，以培养和提高人们遵从礼仪制度的自觉意识，使制度——行为——道德三位一体化。后世儒学不断充实和完备了孔子这一思想，帮助我们真正窥视到"中国是礼仪之邦"这句话深层的精魂。

到近代，礼仪的含义、范畴在不断变化。这是社会的进步，也是人类精神文明的发展。当今的礼仪更主要指的是建立在一定所有制基础之上，维护人与人之间平等和协关系的一种行为准则和交往规范，实现互敬互爱的一种文明形式，这同旧的礼仪是根本不同的。

二、礼仪的特点和作用

人类文化的发生发展，不仅造就了礼仪制度和相应的礼仪观念，不仅将文化的丰富内涵渗透和充盈到礼仪制度和礼仪观念中去，而且还决定了礼仪制度的特点以及礼仪制度和礼仪活动在社会生活、历史发展、人性完善中的重要作用。

(一)礼仪的特点

礼仪的本质特点是文化性，所以人们把讲礼仪看作是有文化修养的体现，把"无礼"视为没文化、文化水平低的表现。

礼仪的文化性具体体现在以下几个方面：

1. 规范化

首先，无论在礼仪活动的制度、形式、程序、操作、组织、内容、规格、级别等方面，还是在个人的行为、举止、言语乃至化妆服饰上，都表现出一定的规范性，并且要求人们尊重和遵守这些规范。

其次，规范化还表现为人们在礼仪活动中处理相互关系的原则和准则。

这两个层次的规范，实际上是一定社会历史阶段中，人与人处理相互关系、做人做事的基本规则，以及相应的社会心理、意识形态的反映。在表现形式上，这些规范有的成文，有的不成文，但都得到人们普遍认同和接受，是自觉遵守、依其行事的惯例和规矩。

2. 民族性、国别性

文化总是一定地域内的文化。因而礼仪总是带有民族、国家和区域文化色彩。尤其在风俗习惯、观念意识和宗教问题上，这种文化色彩在礼仪中表现得更为显明。

在社交和礼仪活动中，我们既要注意各民族、国家、区域文化的共同共通之处，又应十分注意和谨慎地处理相互之间的文化差异，既要保持文化的自尊和自重，又要注重文化的个性特点，科学处理礼仪活动中不同文化的碰撞问题。

3. 传统性、时代性

文化具有传承性。民族文化传统的核心，是经过千百年岁月的筛选淘洗，留存在民族精神中的深厚积淀，是每一民族得以生存、繁衍、发展的一种内在依据和机制，它总是随着当代社会政治、经济等社会条件，以及社会实践的变化发展而变化发展。

礼仪中的传统文化，一方面保留着精华，保持着有鲜活生命力的内容，另一方面又不断摒弃着过时的、陈腐的内容，充实有价值的、新鲜的内容。这是一个客观存在的发展必然，需要我们以积极主动、变革创新的态度认真地对待。

4. 等级性、具体性

等级是社会的一种客观存在，而且在相当长的历史中，社会等级将会存在。等级对于人与人正常社会关系的形成，对于社会秩序的建立健全，对促进社会的进步和发展有一定的积极作用。礼仪的等级性与相互尊重，平等互利没有根本性矛盾，而是辩证统一的关系。

礼仪的等级性意味着在礼仪活动行为处理上要把握礼仪的具体性。这种具体性包括礼仪背景环境的具体性、礼仪类型和功能的具体性、礼仪规范的具体性、礼仪活动行为目的和内容的具体性、礼仪对象及相互关系的具体性、礼仪活动方式方法和策略的具体性等等。只有认真处理好这些具体的内容，才能使礼仪活动和行为获得最佳效应，充分发挥其作用。

5. 理智性、自觉性

礼仪实际上是以对美好、完善人性的追求和修养为基础和核心，将人与人关系处理的无数经验教训概括提炼，然后规范化、固定化而形成的行为活动模式，它体现着对人性、人与人相互关系、人生和社会的理性思考，体现着做人做事的理智和自觉。

人的礼仪修养不是与生俱来的，只有经过认真学习实践，并和自己的思想观念、道德意识、知识能力的修炼自觉融合起来，才能逐渐掌握，化入灵魂，自然表现。即使如此，在实际运作中，仍需时时保持清醒、克制和自控，知行知止，知深知浅，知得知失，知正知误，不可任意而为。

（二）礼仪的作用

礼仪的作用可以简要概括为以下两点：

第一，礼仪有助于在自律和律他的双向控制中，实现对人与人相互关系的调节和均衡；有利于促进有序、健康、和谐的社会关系，为各项社会实践活动的正常进行、顺利发展创造一个良好的人文环境；有利于科学健康的社会思想、道德和行为规范的形成

和确立，营造既统一又丰富多样、既有序又生动活泼的社会局面。总之，礼仪有助于促进社会精神文明和物质文明的发展。

第二，礼仪有助于人性的完善提升，有助于人的素质的全面提高。孔子早就指出“礼”有“治人之情”的作用。“人情”即“人性”。礼仪是一种典型的文化现象，人们在学习礼仪的过程中，必然要涉及广泛的文化知识，这种学习势必对人的心理及行为产生潜移默化的影响。如果能自觉地学习礼仪，富于理智地实践礼仪，就必然牵动人整体素质能力的提高和文化修养的增强。在这种提高和增强中，人性将更美好、更完善，这正是人类历史演进的最深刻、最具本质的价值和意义所在。日益重视礼仪，是人类发展史的必然，也是需要。

三、中学生礼仪教育的重要性

中学时期是一个人从幼稚走向成熟的重要时期，是形成一个人一生的性格、素质的重要阶段。身于伟大变革的新时代里，中学生更需要通过广泛而频繁的社会交往去谋求自身的发展。为了适应日新月异的科技与信息革命，为了适应新世纪所面临的激烈竞争，普及礼仪知识，加强礼仪教育对中学生来说，有着十分重要的现实意义。

(一)加强礼仪教育，有助于促进中学生身心健康发展

中学时期是人生旅程中确立志向大展鸿图的基础时期。从生理方面看，中学阶段是从少儿期向青春期的过渡时期；从心理方面看，这一时期是智力发展的关键时期，中学生正从依赖性走向独立性，从幼稚型走向成熟型。随着年龄的增大和心理的成熟，中学生的交际范围也逐渐扩大，从班级、邻居和学校扩大到社会，与人交往逐渐成为一种心理需求，而对社会交往的参与，对礼仪知识的渴求，是这种心理发展的必然要求。通过社会活动建立起同他人的友谊与信任，对中学生来说，不但是十分难得的锻炼

各方面能力的机会，而且还会使中学生的心胸变得更加开阔，更加大度，这是中学生心理健康发展的重要基础。

（二）加强礼仪教育，有助于中学生展示自身魅力，有助于中学生进行自我形象设计

魅力的核心是能够吸引人，由外在魅力和内在魅力共同组成。内在魅力是一种无形的力量，主要包括卓越的个性、良好的气质、广博的学识和高尚的品德。外在魅力则是一种有形的力量，主要包括匀称的外貌、庄重的服饰、优雅的言谈和得体的举止。礼仪教育的一个重要目的就是力求展示中学生自身的魅力，实现自我形象的塑造。这就要求使其外在魅力与内在魅力有机统一起来，注重内在魅力的培养。

在内在魅力的培养中，气质美是礼仪教育的重要内容。因为气质给人们的美感，不受服装和年龄的限制，是一个人的文化素养与道德品质的综合体现。

在自我形象的设计过程中，自信是塑造自我形象的基石。一个自信的人往往显示出他对生命的热爱，对人生的美好体验。只有自信的人才会豁达乐观、胸怀坦荡，才会积极主动地与人交往，并且在交往中不断完善自己，发展自己。自信的人往往富有活力，富有感染力，使周围的人能够从他的身上感受到一种奋发向上的青春气息，受到感染、启发和鼓励。

可以肯定地说，礼仪教育在帮助青少年学生展示自己魅力和知识修养、在塑造良好的个人形象方面有着不可低估的作用。

（三）加强礼仪教育，有助于中学生掌握一定的社交技巧

人是一切社会关系的总和。在很多领域，在很多时候，人际关系是决定一个人成功与否的关键因素之一。对于中学生来说，懂得如何与他人相处的艺术与技巧，不但可以使他们的学习变得更有成效，而且还可以使他们从中获得更大的心理满足，并且能够减轻生活中的许多压力。

接受有目的、有组织的礼仪教育和有计划的礼仪训练是提高社交技巧的有效方法。要想掌握一定的社交技巧，第一要考察自己，第二要了解他人。只有多留心，多观察，多学习，才能使这些技巧应用恰到好处，逐渐掌握这门丰富多彩、纷繁复杂的社交艺术。

总体看来，加强礼仪教育，是新时期素质教育的基本要求，我们的教育培养的不仅是具备渊博的知识、健康的身体的受教育者，而且还必须是具备较高的道德品质和健全的心理状态的受教育者，而这些品质只有在活动中，在与他人的交往中才能够得以养成。所以，根据中学生身心发展的规律与特点，实施礼仪教育和进行礼仪训练，对于中学生的成长有着至关重要的作用。

塑造良好的“第一印象”

第一印象是指人际交往中形成的给他人的最初印象。这种心理认可会形成顽固的定势，对后期的信息产生决定作用。心理学认为，人们常常根据第一印象来对别人的学识、涵养、性格等进行评价。所以，交往的成败与否往往就取决于在人们之间的第一次接触。

良好的第一印象有赖于我们自觉的塑造。得体的服饰、稳重的举止、谦和的谈吐和儒雅的风度等都给人以良好的第一印象。而良好的第一印象的形成关键是把握好最初表现的 4 分钟。行为心理学实践证明：走向对方一分钟的音容笑貌；与对方握手介绍的一分钟礼节表现；寒暄为 30 秒左右，要注意打招呼内容的把握和生动；坐在座位上的 1 分 30 秒所表现的体态特征等是双方都聚精会神地搜集、观察对方行为举止、气质风度、语言风格等的四分钟。每一个细微表现都会在对方脑中留下深刻印象。这种印象直接关系到以后的交往与对方对你的认可、接纳程度。

活动：举办跨年级的班级间联谊会。联谊会的内容有各种游戏、问答、表演等，最后为舞会，时间以两小时为宜，地点选在其中一班的教室，会后由各班组织座谈，就联谊会中给自己留下深刻印象的人进行分析，最后要总结之所以有深刻的第一印象的原因，明白第一印象是交往礼仪的基石。

第二章　举止投足兼为美

——行为举止礼仪

一个人的行为举止既体现了他的文化水平与道德修养，又表现出他与别人交往时的心意是否真诚，以及这种诚意的大小。优雅的行为举止礼仪能够大大增加一个人的风度，它是一个人内在心灵的外在表现，只有加强内在修养才能有良好的行为举止。行为举止是一种体现在人际交往和社会交往中的无声的体态语言，哪怕是一举一动都能反映出一个人的礼仪修养，所以中学生在人际交往中应特别注意自己的坐立行走、音容笑貌。

一、姿态礼仪

（一）站姿礼仪

最能够表现一个人仪态特征的是这个人处于站立时的姿势。“站如松”就是说人要站得像青松一般端正挺拔才美。这是一种静态美，是养成优美仪态的训练起点，是发展不同质感动态美的基础。

站立要符合礼仪要求，好的站相，从正面看，身体重心线应在两腿中间向上穿过脊柱及头部，要防止重心偏左或偏右。

对中学生站立姿态的基本要求是：身躯正直，头、颈、身躯和双脚应与地面相垂直。两眼平视前方，嘴微闭，下颌微收，收腹挺胸,两臂自然下垂,手指并拢而且自然微屈,中指压裤缝,两腿挺直,脚跟并拢,两脚间距离不宜过大,以不超过一脚为宜,身体重心落在两腿正中。整个体形应当显得庄重、平稳,给人一种精神饱满的印象。站立的要领是挺胸、收腹、直颈、提臀,又可归纳为三句话:

1. 上提下压。下压双肩不耸肩,上提臀部感觉头颈伸长上提,下肢肌肉下压延伸。

2. 前后相夹。收紧腹部肌肉前后推挤,夹紧双臀向内收,感觉自己像一片挤紧的薄汉堡包。

3. 左右相中。感觉身体两侧对称的肢体向正中线靠拢收紧。自己此时觉得像一棵树。

要注意的是站立时要有面部表情,眼睛平视,嘴微闭,面带笑容,双臂自然下垂或交叉于身前,右手放在左手上。优美的站立标准男女有别。女子站立时,双脚是"V"形,膝和脚后跟要靠紧,两脚张开是小八字,从大腿到小腿夹紧无缝隙。另一种站立属于舞台站相,能使女性更显修长挺拔,站立时左脚趋前,右脚呈半垂直靠紧,双脚呈"丁"字形,上半身灵活,下半身挺直,下巴内收,肩要端平,腹要内收,臀要夹紧。男子站立时,双脚可分开与肩同宽,身体平稳,大小腿肌肉绷紧,双肩展开,下颏微收,目光炯炯有神。

站立时的禁忌是歪脖、斜腰、挺腹、含胸、曲腿、抖腿、重心不稳、两手插兜,身子乱晃等。

总之,站立姿态应该是自然、轻松、优美的,无论站立时你摆何种姿态,上身都应该挺直潇洒,至少有一条腿保持肌肉绷紧。

(二)走姿礼仪

最能体现一个人精神面貌的姿态是走姿。潇洒优美的走姿是人动态美中最具有魅力的行为。走姿所产生的审美效果被人喻为"行如风",即潇洒得体的走姿犹如风行水面,轻快而飘逸。

对中学生走姿的基本要求是:走路时目光平视前方,头正颈直、挺胸收腹、两臂自然下垂、前后自然摆动。

实际上,走路的姿态美不美是由三个方面决定的,即步幅、步位和步韵。如果步位和步幅不合标准,那么全身的摆动就失去了协调的韵味,也就无所谓步韵效果了。

所谓步幅,是指行走时两脚间的距离。步幅标准是由个人的身高、当时着装的限制、所穿的鞋子及男女性别所决定的。男性当然是大步流星,步幅在 30 厘米以上;女子若是穿旗袍、高跟鞋或窄裙,则应小步快步,轻盈而频率快捷,若是着裤装,可走得步幅稍大,平稳而潇洒。

所谓步位,就是脚落地时应放置的位置。男子走路的步位应是脚既不外撇也不内向,平行直行向前,走出的是两条平行线,显得阳刚有力,朝气十足。女性应避免“X”或“O”形腿,两腿从大腿到小腿向内夹紧,腿肌肉绷紧,脚后跟踩在一条直线上,脚尖微微朝外,步伐显得修长而挺拔。

所谓步韵,就是走路时特有的韵味,也即风度。有些人走路轻松自然,同时又潇洒富有节律感,不僵硬、不做作、不难看,让人觉得如行云流水般舒畅自如;有些人走路步履沉重,拖沓而有下坠感,东摇西晃,毫无美感可言。

人的走姿不仅关系仪态美,而且影响到人的身体健康。正确的走姿有助于中学生身体各器官的正常发育,不正确的走姿会带来不良后果。如:有的人走路时过分放松上身,身体不挺直,容易形成脊柱侧弯或驼背,致使身体畸形。

记住:良好而优美的走姿会令你朝气蓬勃,会令你青春永驻。

(三)坐姿礼仪

优美的坐姿让人觉得端正、文雅而舒适,使别人印象良好而深刻。正确的坐姿是上半身挺直,即所谓的“坐如钟”。

对于中学生来说,一天的学习生活主要是在教室中坐着度过，正确的坐姿对中学生来说也就显得尤为重要了。对中学生坐姿的基本要求是：上体自然挺直，胸部要挺起，腰部靠在椅背上，不要歪扭，大腿与小腿基本成直角，两脚平放地面。男性张开腿部而坐，两脚间距与肩同宽，手放在膝盖上或者放在大腿前部，体现出男子的自信与豁达。女性则需要膝盖并拢，体现出女子的庄重与矜持。在有靠背的座椅上就坐时，身体可以微微前倾，但不要仰靠，露出一种懒散的样子。

为了使你的坐姿更加优美，应该注意：

1. 刚入座时，要把双脚的脚跟合拢，切忌两脚分开呈内八字形或外八字形，这种坐姿难看又不雅。

2. 当两腿交叠而坐时，悬空的脚不能抖动，也不能脚尖朝上，而应脚尖内敛，这样可以给人一种大方高贵的感觉，不然会有失风度。

3. 坐椅如有扶手，不要把双手平放在扶手上，好像老太太般的安祥，显出老气横秋的样子。

4. 坐下应保持坐态，不要东张西望，更不要前俯后仰或靠在椅背上，这些都会令人反感。

5. 与人交谈时，勿将上身前倾或以手支下巴。

以上五种姿态是中学生在日常交往中普遍存在的五种姿态。

在这里要特别指出的是，中学生在公共场合，一定要做到站坐大方、神情自然。需强调指出以下三点：

第一，有些中学生喜欢懒洋洋地左靠右挨，还有的人喜欢跷二郎腿，甚至还将跷起的脚尖对着别人。特别是在长辈或在客人面前，这种姿态显得十分粗俗无礼。对于女同学而言，就更应该注意这一点了。有句成语叫作“亭亭玉立”，形容的就是女孩优美的站立姿式。站立时，头部、颈部、腰部都应当成一条直线，肩膀一定要平，让一切变化都落在脚上。尤其是在与人交谈时，站立的变化只在脚部，上半身应始终保持挺直。如果穿裙子，应注意把身体略侧向一边，既可以使自己正面的样子看起来更加苗条，也会使自己显得稍稍高一点。

第二，步行时，脚部的移动应该彼此平行。上下楼梯时，上身保持挺直，头昂起，肩放平，不要用半只脚板去登楼梯。下楼时，身体的重心放在后面一只脚上，等身体重心落在前脚时再向下走动。走路时，一定要学会避让，不要争先恐后，尤其是遇到老师或长辈时，更应当表现出应有的礼节。

第三，要注意培养一定的气质和风度。气质是一个个体多方面综合素质的体现，往往蕴含在一个人的姿态之中。气质的内涵既有与生俱来的遗传因素，更有后天获得的文化素养与审美情趣。风度与气质彼此相应，气质不佳的人很难显现良好的风度，而风度更是取决于一个人的气质。中学生在人际交往中，只有时刻注意自己的一言一行、一举一动，才能逐渐培养出良好的气质与风度，更好地展现自己的个人魅力。气质和风度是一种无声无息的力量，它潜在地影响着人的社会交往与人际关系，而且往往能起到十分关键的作用。

二、表情礼仪

面部表情，主要是由脸部的变化，肌肉的收展，以及眉、鼻、嘴、眼的动作形态组成。因此，它们都成为表情语的组成因素，都具有表情达意和传输信息的功能，也相应有一定的礼仪作用和规范。其中最重要的是眼神和嘴形。

（一）眼神

晋朝的顾恺之有“传神写照，正在阿堵之中”之说。“阿堵”就是眼睛。人们都说眼睛是心灵的窗户，是传递信息，尤其是心理活动信息最有效的器官。所以，在人际交往中要特别注意观察体会对方的眼神，并善于利用自己的眼神表情达意，影响对方心理。

眼神在人际交往中可以维持双方的心理联系，你可以从对方

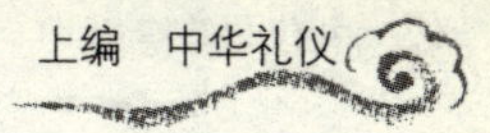

的眼神中读出对方是热情还是冷淡，是尊重还是轻视，是畏惧还是矜持，是傲慢还是谦虚，是真诚还是虚伪。

眼神也是调节交往双方心理距离的手段之一。据研究表明，交谈中的双方两眼在对视过程中只持续约 1 秒钟，然后就迅速移开，否则意味着双方关系密切。因为人们较长时间目光对流会引起生理和精神上的紧张。大多数人在交往中选择将目光避开不正面接触，以示谦和。性别不同，眼神使用的含义也不同，一般而言，女性较男性更易直视看人，常常喜欢凝视对方或较长时间端详对方，而且往往连细节都不轻易放过。

因此，初次与人交往应眼中带笑地注视着对方，间或自然地将目光移开但不能上下扫描，如果将眼神聚焦在对方某一点凝视，是十分不礼貌的，也不能将眼神来回在别人脸卜睃视或眼光跳跃，游移不定。

传神的目光给人以魅力；宁静的目光给人以稳重；快乐的目光给人以青春；诚挚的目光给人以信赖。尤其是中学生，眼神中更应是朝气、纯洁和关爱，注视着别人的眼神，应反映自己大方自然、真诚信任，渴望了解认识对方或与其进一步交往的心情，从而通过眼神礼仪架起友谊的桥梁，结识更多的良师益友。

(二)嘴

嘴传达信息的能力仅次于眼睛。

作为中学生，我们只要了解、掌握不同嘴部动作通常表示的含义即可。一副微露牙齿的双唇，让人看起来觉得友善；紧闭的双唇表示严肃认真思考和对待，或者对某人某事物有兴趣；稍稍噘起的双唇，表示轻微的不高兴；努努嘴，表示怂恿，或撺掇、嘲讽；撇撇嘴，表示轻蔑或讨厌；咂咂嘴，表示赞叹或惋惜。在人际交往的过程中，要慎用努嘴或撇嘴，因为容易被人视为轻浮没有涵养。在谈话时上下唇开合要自然适当，少用以至不用嘴角或上或下的抖动。站立，静坐或施握手礼节时，嘴微闭，牙不露，保持微笑状。

(三)微笑

在人际交往中,微笑是最具个人魅力的表现。微笑具有的丰富内涵既是自信的展示,又是礼貌、开朗达观的性格的外化。发自内心的、真诚的微笑在人际交往中具有神奇的力量,它可以使陌生人成为朋友,使误会消除,使仇恨慢慢化解。从礼仪的角度上看,微笑是人们对美好事物表达愉快感情的心灵外露,是善良、友好、赞美的象征,是对他人的理解、关注、爱护的表现,是自己谦恭、含蓄、自信的反映,是礼貌修养的综合体现,更是心理健康的重要标志。

但是,要笑得自然亲切、高雅迷人并不容易,笑必须发自内心,必须符合礼仪规范,来之心底的微笑一定是坦诚自然的,像扑面而来的春风能温暖人心,能消除冷漠获得理解和支持。可是,在日常生活中,我们如何能让自己经常由内心发出微笑呢?

第一,要先给微笑提供许多美好的内容。要想保持微笑,就要使自己每日的内心活动都要保持良好的状态。要在心目中,暗示或唤醒能够使自己微笑的意识,要在想象中听得见那些美好的声音。

第二,要在心中充满对人间的热爱和温暖。对朋友、对邻居,甚至对路上的行人都充满由衷的好意,要相信自己的智慧,自己的力量,相信自己能够战胜困难。

第三,要有一种幽默感,能够体会、欣赏有趣的事物,善于用机智的语言应付。幽默感对解除情绪上的紧张,对增进人与人之间的了解都是很有裨益的。当遇到尴尬时,有幽默感的人往往能用自我解嘲的方式一笑了之,“化困窘为详和”,而不至于“面红耳赤”或“张口结舌”。

第四,要懂得身心放松的要领,能够使自己始终保持在一种身心放松的境界中。

要保持美好愉悦的笑容，也要有一个良好健康的身体。在身体缺水、缺食物、缺营养的时候，微笑也不会像缺水、缺阳光的花一样枯萎了。

第五，进步是会使人微笑的。每天有一点点进步，无论是哪一方面的进步，都会令自己微笑，改正错误，不断进步，不只是给微笑提供了丰富的内容，更是给微笑创造了力量。

第六，多想想那些曾经关怀过你的人，想想那些曾经的良师益友、好邻居、好医生、好领导等等，一次体帖的关怀，一句知心的问候，一次亲切的聚会……都会使你发出甜甜的微笑。

同学们，抬起头来，注意四周，向人们微笑，你就已经成功了。

三、动作礼仪

动作语指各种肢体所能表情达意、传输信息的特定动作。其中，手和臂的动作语最丰富，腿和脚也都能表达特定的情感意义。另外，人的躯体也能通过一定体态体姿，传递一定信息。动作语的礼仪规范，体现在动作语的标准化和模式化中。

（一）手势语

如果说眼睛是心灵的窗户，那么手就是心灵的指向和触角。俗语说："心有所思，手有所指。"这主要是因为手有其内在功能——手的巨大表现力，所以专家认为，手像脸一样富有表情。据心理学家研究，人们借助手势传递信息决不亚于嘴，比如哑语。手在人际交往中是不可或缺的最有表现力的"体态语"。这种动态美掌握得好，会在交往中锦上添花，增加和提升你的综合魅力。

手势传递的信息很多，手势暗示的情感也不少。如招手致意、握手友好、拍手称赞、手托是爱、手捧是敬、手甩是憾、手抖是怕、手遮是羞、手颤是惊、举手通过、垂手听命、挥手道别、合手祈祷、手指引路、攥手为恨等等。但是，我们发现，单靠手势暗示，没有相应的表情、体态姿势的配合，在人际沟通、信息传递时往往会

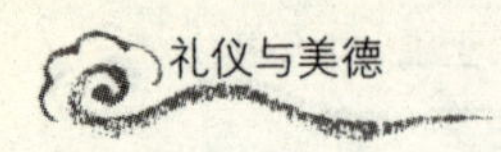

产生误会或障碍，这就要求人们在使用手势语时必须首先掌握手势语的规范标准，其次才是运用手势语表情达意。否则，不仅会影响表达效果，而且还会影响到礼仪作用。手势语运用的原则是：要规范，尊重约定俗成的模式；与人交谈，手势不宜过多，动作不宜过大；手势的运用，不但要与面部的表情和身体各部分的动作协调一致，而且还要与口语表达和谐配合；手势的运用不但要规范，让人易懂，而且要适度得体，不要让人感到虚浮夸张；同时，运用手势语还应该考虑到不同地区、民族、国家的文化差异、风俗习惯，以免闹笑语，甚至失礼。

在所有的手势语中，握手是世界上最通行的常施礼节。在今天，握手除了作为一般的见面礼节外，还是一种祝贺、感激或相互鼓励的表示。行握手礼时，应距离受礼者一步左右，上身稍向前倾，右脚稍迈向前一点，伸出右手，四指并齐，拇指张开与受礼者握手。手要上下略用力摆动，然后与对方的手松开。在行握手礼时要注意男女、长幼有别；要注意先后顺序；要注意表情动作；要注意力度适宜等等。通过握手礼，常常能折射出一个人的礼仪修养。恰到好处、优雅自然的握手应是简短有力的一握，两眼愉快地凝视对方，表达出你温和、友善的心意和渴望进一步交往的美好愿望。

另外，人们双手五个手指各自的屈伸，在不同场合、不同情况下都表示特定的含义，而在各国各地区意义往往不同。由于民族差异、宗教礼规的不同，用错了不仅要闹笑话，有时还会引起误会或麻烦。因此，我们在进行人际交往时，一定要先明确其国籍、民族、风俗习惯，千万不可盲目使用你自认为熟悉却有很大含义差别的手势。

(二)其他他动作语

抱起双臂在胸前形成一种屏障，是“防御”之信号。双臂抱在胸前，身体靠在椅背上，是以懒散表示消极、冷漠的态度。如果双臂背后，昂首挺胸，是向人们表示自信和权威。

身体略微倾向于对方，表示热情和兴趣。站立时，向对方微微欠身，表示谦恭和气。挺着腰的坐姿，表示尊重对方或对谈话内容感兴趣。与对方并排而坐，而且身体自然转向对方，是表示关系亲密、共同点较多。弯腰曲背而坐，则是对谈话内容不感兴趣或对对方厌烦的表示。无论是站立还是坐着，无视交谈对象侧转身子，都表示厌恶和轻蔑。背朝对方，显然是表示不屑理睬。

在此，特别提醒中学生注意的是，在与人交往的过程中，应避免以下不文明的举止：

1. 摇头晃脑，挠头摸脑

这种不自然的动作既不卫生，也不雅观，反倒是显示出自己的拘束和畏缩。别人会根据这一举止认为你缺乏人际交往的基本经验。

2. 动作随便，抖动腿脚

有很多中学生一点也不注意自己的行为举止，在公共场合随意做出各种动作，比如摸摸栏杆、踢踢墙壁等，显得很没有教养。有的中学生认为在众人面前抖动腿脚能够帮助自己消除紧张情绪。然而，这是一种很不文明的举止，别人会认为你是一个缺乏自信的人。

3. 坐立不安，揉鼻挖耳

在日常生活中，不乏站没有站相、坐没有坐相的中学生。更有甚者，有的中学生站立或者坐在椅子上的时候，浑身好像受了某种刺激一样，显得极不自在，摸摸鼻子、捏捏耳朵的现象也时有发生，有的甚至还用手指去挖鼻孔、掏耳朵，这是一种十分不文明的行为，令人反感。

总之，潇洒的动作、举止能够显示出一个人的风度和气质，能够更好地塑造出一个人的形象，展示他的内在魅力。

潇洒的动作举止不是装腔作势，也不是故作姿态，而是从容不迫地应付自如，显得十分自然大方。对男士而言，举止潇洒意味着举止要有阳刚之气，充满强壮有力的美感；对女士而言，举止潇洒不仅是举止的优雅得体，而且还要有女性的阴柔之美。

中学生参加社交活动的机会越来越多，我们只有在不断加强自身的内在修养的基础上逐步做到举止潇洒，才能得到更多人的认同。

值周中的行为举止

心理学家认为人的行为，哪怕是一个非常简单的动作，都是人体器官对外界刺激产生的反应，当然，这种行为是一种有意识的社会性行为，中学生的举止就属于这种行为的范围之中。

值周制是我校进行学生自主管理的一项重要制度，在值周中值周生的一举一动、一言一行都关系到自身的形象、班级的形象、乃至学校的形象。因此，在值周中我们一定要注意自己的行为举止，这就需要值周生对自己的行为举止能进行一定的自我评价：(1)要掌握正确的行为规范的标准；(2)要注意了解一些必要的社会禁忌（不要言而无信；不要过度地开玩笑；不要随便发怒）；(3)要培养自觉的、正确的行为评价能力（理解与感受相结合；知识学习与行为分析相结合；行为态度与具体的举止需要相结合）。

活动：礼仪岗的自我评价：(1)站姿；(2)服饰；(3)微笑；(4)问候；(5)自然程度。

第三章　言语之间多学问
——语言礼仪

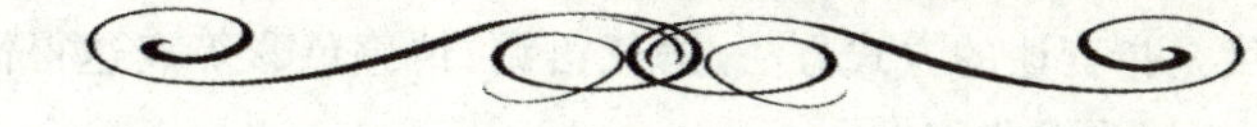

语言——口语、书面语——是进行人际交往活动最普通、最基本、最重要的交际工具和手段。

语言的运用能力，往往最鲜明体现了一个人的文化修养、思维和实践能力、社会阅历和经验，体现一个人的综合素质。因此，也是一个人交际能力的集中体现。

中国作为“礼仪之邦”，自古以来就对语言礼仪极为重视。《周易·系辞》中就认为：“言行，君子之枢机。枢机之发，荣辱之主也。言行，君子之所以动天地也，可不慎乎！”因此主张“慎言”，并且把“慎言”作为一个人处身立世之根基。荀子就说：“故与人善言，暖于布帛；伤人之言，深于矛戟。”《荀子·荣辱》）这些都充分说明了语言在人际交往中占有的重要地位，正所谓“良言一句三冬暖，恶语伤人六月寒”。

中学生一定要掌握得体的语言礼仪，这样才能够在沟通中准确而清晰地将自己的思想表达出来，能够在人际交往中正确地运用语言艺术，从而更完满地、更贴切地融入到交际活动之中。

一、语言礼仪的原则

众所周知，语言的一个显著特点就是灵活性强，对于人际交往过程中的言谈尤其如此。但是,作为某一领域的语言现象,总会受到相应规范的制约,这就是该领域语言运用的原则。可是,任何语言的技巧和方法不外乎是对言谈原则的引申和衍化。言谈的实质体现在一个“礼”字上,即语言谈吐纯洁优美,富有礼仪色彩。因此,我们掌握语言礼仪只要掌握言谈的两大原则即可。

(一)得体适度原则

得体是指言谈既要符合自己的身份,又要符合交谈对象的身份;适度是指言谈的方式方法、语气语调、情感色彩等表达得恰到好处。这就要求我们做到:

1. 语言表达要自觉服从环境的约束

一般说来,人们的言谈要能够自觉地接受社会准则的约束,根据环境的需求说出恰当得体的话语,失去了社会准则,即使你巧舌如簧,也不会取得好效果,这就必须做到:

第一,准确鉴定出自己在各种场合中的身份位置,并且随时提醒自己始终如一按照符合身份的言谈去表达自己的思想感情。不论是在何种场合,都要努力以沉稳的心理素质和极强的语言自控力做到不失言不失态。学会“身份鉴定”不仅能够使你的言谈时时得体适度,促进人际交流,而且还会使你的身心得到最大程度的调解,永远保持积极、乐观、向上的精神风貌。

第二,准确鉴定交往对象的身份特点,使自己的言谈始终做到有的放矢。一是根据对象的生活情况选择与之相适应的话题去交谈。二是根据对方的身份与性格特点去选择与之交谈的恰当方式。即所谓“见什么人说什么话”。

2. 语言表达要讲究分寸

第一,声音适度。有声语言就是由声音和意义两大因素组成。好的声音,不仅能准确、恰当地表达情感,而且能声声入耳、娓娓动听。因此,讲话要用自己的本来嗓音,亲切、真实、柔和、顺耳,使人在感官上觉得自然、舒坦、愉快、可信,音量要控制在对方能听清的限度为宜。

第二，语气语调适度。言谈的语气语调是同情感紧密联系在一起的，是言谈者真情实感的“显示器”。恰当的语气语调，会增添你语言的魅力；多姿多彩的语言形态，会给你的言谈添上形象色彩、感情色彩、理性色彩、风格色彩。所谓恰当地运用语气语调是根据不同的交谈对象，善于运用不同的语言恰当得体地表现你不同的思想感情。当然，你也可以通过对方所使用的语气语调来判断其内心的感情色彩，掌握交谈的主动权。这就是我们常说的“听话听音”的道理所在。

第三，时、空适度。人们用语言交谈，但语言不是交谈的全部。时、空就是交谈的重要环节。在这里，“时”指的是交谈的时间；“空”指的是谈话者之间的空间距离以及谈话者的姿势。谈话的时间长短是与谈话的内容和表达速度相关联的。这要根据不同的情况具体对待。谈话者间的距离，往往由关系的亲疏而定。

在了解语言表达度的内容后，就要为准确地把握语言表达的度而刻苦训练。如果说歌唱家的歌喉是先天赋予的话，而人的语言表达能力则完全是后天培养的结果。中学生朋友如果你能在日常交谈中，注意到语言表达的“度”，多练勤悟，就一定能在各种场合做到言谈得体适度，这是你获得交谈成功的要素。

（二）真诚友谊原则

交谈讲究得体适度、纯洁优美，归根结底是为了打动听众，使之与自己的思维产生共鸣，从而实现交往的目的。然而，得体适度、纯洁优美的语言是根植在说话者真情实意的基础之上的。因此，真诚友谊原则是我们进行人际交往和沟通的基本姿态。孔子云：“修辞在其诚”，正是因为只有具备真诚品格的人，才会说出真诚的话语，只有真诚的话语才拥有感人的力量。

1. 诚于中则形于外

人们总是以一定的姿态去与人交往、交谈的。所谓姿态，就是让交往对象通过视觉所感受到的你讲话时的态度。态度是心灵折射的外在表露。心理实验证明:人们为了不说心里话可以闭住嘴,但形态掩盖不住其内心世界。一个不诚实的人,可以言不由衷,但却装不出真诚的态度。我们必须以真诚友谊的心态去与人交往,我们的言谈举止一定表现为诚挚、平易、稳重、热诚,这是真情的自然流露,经得起时间、空间的任何考验,它将最终给我们的社交带来成功,赢得真正的友谊。如果你不具备这样的心态,你的言谈态度就会呈现出虚假、傲慢、慌乱,或者是冷淡。虚假,难以取信于人;傲慢,伤害他人的自尊心;慌乱,乃是心虚的表现;冷淡,拒人以千里之外,以这样的态度与人交谈,永远得不到成功。

2. 慧于心则秀于口

俗语说"外伤尤可治,恶语恨难消"。如果在交谈中你用粗话、脏话、恶言恶语,只能表示你是一个鄙陋、粗俗、没有教养的人,这是人际交往的大忌。如果你以一颗美好、真诚的心与人交往,你就会自觉地运用文明友好的词语与人交谈。礼貌谦和的语言不仅适应人们亲和的需求,增进双方的了解和感情,而且还是精神文明建设的重要内容。即使在与人发生争执的特殊场合,文明礼貌的语言也会增加你人格的魅力。比如,一个人无意中碰了你,会有三种语言供你选择:(1)妈的,没长眼睛?"(2)"走路小心点!"(3)"对不起,碰坏了您没有?"当你以高尚的情怀选择(3)时,你就会赢得真诚和友谊,世界也在你文明语言的装扮下,变得格外温馨与美好。

当你怀着友善的心地去与人交往的时候,你的语言就充满了褒义的感情色彩。褒奖的言辞,是表达友好、善意的"使者",它婉如和煦的春风,荡开人们的心怀。然而,心地狭窄,自私自利的人是永远也说不出褒奖他人的话语的,只有虚怀若谷之人,才能大胆地承认他人的长处,以真诚的目光去发现他人的优点。表达他人的优点，是尊重他人人格，肯定他人价值的最好体现。这些正是人际交往的基础，良好的人际关系就从这里开始了。

总之，当你本着得体适度、真诚友谊的原则去与人交往、交谈的时候，言谈举止会谦虚而不显虚伪，坦率而不失谨慎，老练而不显世故，赞美并不奉承，自信但不骄横，热情而不激烈，一句话，"礼貌得体，真诚自如"。带着这样的自信，你将成为交谈礼仪的真正主人。

二、语言礼仪的技巧

（一）言之有理

"理"一般是指事物发展要求合乎其变化的规律，言之有理，就是指在交谈中说话要从事物变化发展的规律及其本质上去说明事物。合乎事理、顺理成章，说出的话才能使人信服，常言道："以理服人"，就是这个道理。

首先要做到"文负其责"。如果言不及意，妄下结论或强词夺理就违背了"文负其责"的道理，对自己所说的话不负责任，就是对自已不负责任。尊重事实是言之有理的前提，不尊重事实不但不能言之有理，而且会使你失信于人。可见，言之有理，不只是简单的语言问题，更涉及到做人道理——诚实的品质。"一时强弱在于力，万古胜负在于理"，说的正是这个道理。

丰富的知识是言之有理、持之以据的源泉。要做到言之有理，就必须明白和通晓事物的道理，这就要求中学生平时要认真学习、调查研究、勤于积累、善于发现，做到对事物变化了然于心。这样，语言表达、交流沟通，才能达到说服人、教育人、鼓舞人的目的。

（二）言之有情

言之有情是指语言要以情动人、以情感人。常言说："良药苦口利于病，忠言逆耳利于行。"如果能将"良药苦口"化为"良药可口”不是更好吗？这正是语言的艺术魅力所在。美的语言充满着打动人心的情感，具有强烈的感染力，这种感情的力量，不仅给人以智慧，给人以信心和勇气，而且还给人以愉快和享受。

在交际中情理并用，往往是取得成功的一大技巧。“晓之以理，动之以情”就是说在谈话中，往往要用深深的情温暖对方，感化对方。人非草木，孰能无情，以情制胜往往是成功的关键。

通过有情的语言接受美的熏陶，其感染力有时胜过说理的力量。感情和美的欣赏、美的享受之间有着天然的联系：真诚的情感是语言魅力的重要组成。唐代大诗人白居易说，“动人心者莫先于情”，唯有炽热的情感，才会使“快者掀髯，情者扼腕，悲者掩泣，羡者色飞”。说的就是只有真情才能换得真情，情不深，则无以惊心动魄。交谈中只有用真挚的情感，竭诚的风度，才能使对方受到感化、慰藉和鼓励，使讲话如春风化雨，润物无声，熏陶渐染，潜移默化，发生共鸣效应。

（三）言之有物

古人说：“物者，事也。”我们说话、交流总是为了向别人表达一定的思想、阐述特定的事件，因而必须中心突出，内容明确，主题鲜明。如果含糊其词，躲躲闪闪，或者只顾修饰，华丽满篇，空洞无物，则会使人不得要领，不明事理，这是语言礼仪的大忌。

在彼此交流的过程中，内容不仅要有，而且要注意内容的多寡、信息量的多少。我们在“言之有物”的同时，还要特别注意语言的简洁、明晰，古人云：“言不在多，达意则灵。”因此在交谈中要做到言简意赅，明确表达自己，语言要通俗化、生动化，少用抽象、令人费解的词句。

“言之有物”还强调语言的真实、准确，强调言与行的一致性，不夸口，不吹牛，说到做到，以行为证明语言，以结果说明问题，这样才能取信于人，才能在交往中树立威信，才能交上真心的朋友。

另外，在交谈中由于平时不注意养成习惯，往往容易形成“口头禅”或“口头语”，这是语言礼仪中的“毒瘤”。这些在语言表述中毫无意义而又经常挂在口头上的多余词，已经和思维联系在一起，突然没有了口头禅，思维就会出现暂停，语言就会中断，出现不连惯的现象。所以，平时说话一定要注意，千万不要形成口头禅，一旦形成再去克服就不太容易了。

（四）言之有礼

言之有礼，就是语言要讲文明、讲礼貌，要谦逊待人。尊重他人，不仅仅是个礼貌问题，它更反映一个人的道德修养。只有尊重别人的人，才会受到别人的尊重，因为这是一种美德。古代管仲曾经说过：“善气迎人，亲如兄弟；恶气迎人，害于戈兵。”（《管子·心术下》）礼貌待人，不仅是融洽关系的要方，而且它还可以消除隔阂，避免冲突。俗语说：“一句话能把人说笑，一句话也能把人说跳”“说话送暖也送寒”，就是这个道理。

语言是思想的衣裳，谈吐是行动的羽翼。说话的声调可高可低，语气可缓可急，意思可隐可显，内容可浅可深，一个人能否在语言上礼貌待人，不仅仅是一个技巧问题，往往反映着他的思想修养。

第一，礼貌待人，说话时要注意口气和语调的使用。如果能做到不用烦燥语调，不用冷淡语调，不用嘲讽语调，不用傲慢语调，那么，你的语言就会充满和气，让人感觉舒服，乐于帮助你或服从你。

第二，语言还要讲究文雅，不讲粗话、脏话。有些中学生朋友言谈中常常脏话不断，自以为这样才“够味”，殊不知，这些给人留下粗野、不文明印象的脏话，在人际交往中大大损害了自己的形象。

第三，说话时要有谦虚的态度。与人交谈是要尊重对方，谈吐适度，多用讨论、商量的口气，不要以自我为中心。古人讲：“三人行，必有我师”，无论是和别人谈话，还是处事都要虚怀若谷，多听取别人的意见，不要妄自尊大，自以为了不起。

第四，说话要含蓄、委婉。“花香不在多，室雅何须大。”交谈的含蓄与得体，往往比口若悬河更可贵。委婉并非软弱，而是一种技巧和艺术的体现。委婉的语言往往在含蓄中带有刚毅，平淡中含有奇险。每一个词，每一句话都能令人玩味无穷。既高雅，又得体，不露破绽的委婉的语言，不但具有实用性，而且具有应用性，这是语言艺术的又一境界。

三、交谈中的聆听礼仪

一般人在交谈中，倾向于以自己的意见、观点、感情来影响别人，因而往往谈个不停，似乎非如此无法达到交流的目的。实际上，与人交谈，光做一个好的演说者不一定成功，还须做一个好的听众，也就是说，在谈话中，任何人都不可能总是处于说的位置上，要使交谈的双方双向交流畅通无阻，就必须善于倾听他人的谈话。善于聆听的人，懂得“三人行，必有我师”的道理，能够利用一切机会博采众长，丰富自己，而且能够给别人留下讲礼貌的良好印象。

社会学家兰金指出，在日常的语言交往活动中，听的时间占54%，说的时间占30%，读的时间占16%，写的时间占9%，这说明，听在人们的交往中居于非常重要的地位。

在人们面对面的交谈中，讲与听是对立统一的，认真地去听，可以收到良好的谈话效果。听可以满足对方的需要。认真聆听对方的谈话，是对讲话者的一种尊重，在一定程度上可以满足对方的需要，同时可以使人们的交往、交谈更有效，彼此之间的关系更融洽：聆听从消极一面讲是一种礼貌，是对别人的尊重；积极地说是一种鼓励，是褒奖对方谈话的一种形式，有助于提高谈话者的兴致。因此，能够耐心地倾听对方的谈话，等于告诉对方“你是一个值得我倾听的人”，这样在无形中就能够提高对方的自信心，加深彼此的感情。听，可以了解对方是否真正理解你讲话的含义。

听，可以获得必要的信息，提供你最新的情报资料。注意聆听别人的讲话，从他说话的内容、声调、神态中可以了解对方的需要、态度、期望和性格，他们会自然地向你靠近，这样你就可以与很多人进行思想交流，建立较广泛的人际关系。

注意倾听别人讲话，还可以同时思考自己所要说的话，整理自己的思想，寻找恰当的词句，以完善地表达自己的意见，给人以鲜明的印象。一般来讲，听比说快，听话者在听话过程中总有时间在等待，可以回味、思考讲话者的观点，并与自己的观点进行比较，预想好自己要阐述观点的理由，设想可能有的其他的观点等等。因此，从某种意义上说，在交往场合中受欢迎的人，并不仅仅在于他能说会道，而重要的是他会听，因为交谈中只有既讲又听才可以满足双方的需要，使交谈顺利进行。

交谈中善于聆听的确有许多好处，但要真正做到洗耳恭听，仅仅对人抱有尊敬之心还不够，还要用心，用整个身心去倾听。最好的倾听方式，就是要站在对方的立场去听、去认识、去理解、去记忆，因为这种听话的方式，既能使听者集中注意力全神贯注地听，又能较好地理解说话者的原意，使对方受到尊敬和鼓舞，愿意讲真话，说实话，并发展彼此友好的往来关系。

为了更好地聆听，我们要努力做到以下几点：

1. 注视正在讲话的人。用目光注视着他，他会讲得更精彩，仿佛你在鼓励他。

2. 对其所讲的内容表现出浓厚的兴趣。如果你听了同意，就点点头；若他讲得有趣，你就微笑；对他的暗示适时作出反应，分享他的喜怒哀乐、成功和失望。

3. 朝着讲话的人倾斜你的身体。我们的身体姿态无不显示着我们内心的感受：我们感兴趣的，会趋前驻足倾听；我们讨厌的，会抽身后撤。

4. 根据他的话题有针对性地提问。我们不单是用耳朵在听，我们还用眼睛去看，用心去品味，用大脑同步思考对方讲的事情，并经过筛选、过滤、分析，提出自己的问题和看法。

5. 不贸然打断对方。谁都不愿意在表达中被人打断，如果直到讲完你都没打断他，大多数人会很高兴，如果你能激发他讲得精彩、讲得深刻，他会感觉受到了双份的嘉奖。你不妨再引导一下："请将最后一点再复述一下，我希望更多地了解。"

6. 吃透讲话的主题。不要急于改变他正在讲话的主题，可以试着从其主题中引发一些相关问题，试着继续提问，讲话者会即兴发挥，兴趣盎然。

7. 用自己的话回过头来重复一下。这样做是向对方证明，你不仅在听而且听得认真仔细，并能用你的经验加以总结，试图帮助对方理出头绪来。

一般说来，任何人都会对诚心诚意倾听自己谈话的人产生感激之情，从而开启心扉，倾吐真情实意的。所以善于倾听，是谈话成功的一个要诀。"上帝"给了我们两只耳朵，一张嘴，很显然，他希望我们听比说多两倍，那么，中学生朋友，从现在开始，你和别人谈话时就要管好自己的嘴，多使用你的耳朵，做个好的聆听者。

不同的开场白

良好的开场白是顺利进行一次谈话的前提与基础，开场白的好坏直接影响到交际双方进一步交谈的心情，恰当而且得体的开场白能够充分调动双方的情绪，使双方在心理上产生一定的亲切感和融洽感。

开场白没有一个统一的模式或固定的格式，在不同的场合应当使用不同的开场白；对不同的人也应当采用不同的开场白，这完全是一门语言艺术。俗话说得好："良好的开端是成功的一半，"一个引人入胜、合情合理的开头，能够制造气氛、引起兴趣，为深入的交谈铺平道路。

对中学生来说，能否选择一个合适的开场白对交流者的语言能力确实是一种考验，成功地进行一次交谈更多地依赖于机智的口才和灵活的思维。

活动：在班内举办一次个性化的自我介绍。选择班内平日性格沉默的十位同学，让他们认真准备进行3分钟自我介绍，就介绍所取得的效果进行分析、得出结论：自我介绍的形式要因人、因事、因时、因地而异。

第四章　校内外生活礼仪

一、校园生活中的礼仪规范

学校是专门从事教育工作的场所，长期以来，学校教育在整个教育系统中一直占据着主导的地位。学生的衣着、谈吐、举止直接体现着一个学校的校风和校貌。校园作为学生每天学习、生活的小环境，是我们增长知识、陶冶情操和锻炼身体的主要场所。洁净的校园是全体师生员工共同努力的结果，它不同于校园建筑自身的美。生活在一个人人努力追求美、创造美的环境中，自身的素质也会得到不断的提高。建设文明、高雅的校园环境需要各种力量、多方面因素的相互配合，其中一个非常重要的因素，就是学生必须遵循一定的礼仪规范。

（一）教室中

对学生来说，两分钟时间的准备是从室外活动转入室内活动的一种过渡，也是从上一堂课转向下一堂课的一种过渡。它能够帮助学生使自己的思想尽快地集中起来。每位同学都作好上课准备，既是尊重别人，也是尊重整个集体的表现。因此，学生应该在课前两分钟内进入教室，端庄地坐在教室里等候老师的到来，这本身是一种应有的礼貌，也是对老师的尊敬。教室是学生学习的主要空间，学生应当特别注意教室中的礼仪规范。

1. 课前要准备好学习用具，文具盒要放在桌子左上角，书本放在桌子中间。在教室中要保持一种严肃而又不失活泼的气氛，不要太活跃，也不要太死板。

2. 上课铃响后，要立即进入教室，安静而且端正地坐在自己的座位上。教师进入教室时，班长或者值日生要喊“起立”，当教师走到讲桌前时，全体同学应当齐声问候：“老师好”，等老师回答“同学们好，请坐”后方可坐下。

3. 如果遇到特殊情况，学生上课迟到应当特别注意举止的文明和周到的礼仪：

在教室门口，应当先停下脚步，首先喊“报告”，在得到老师的允许之后才能进入教室。如果教室的门关着，那就应该先轻轻敲门，要诚实地向老师说明自己迟到的原因，说话时要简明扼要，态度要诚恳。在得到老师的允许之后，方可人座。

在走向自己的座位之时，脚步要轻，速度要快，动作幅度要小；走到座位前，在放书包和拿课本时，尽量不要发出大的响声。

4. 遵守课堂纪律，聚精会神地听老师讲课，不受任何外来因素干扰，精力保持高度集中，能够准确地、完整地记录老师的讲课内容，认真作笔记。一定要保持课堂安静，不随意讲话，预习自学，询问质疑、相互讨论之时，一定要认真思考，积极发言。

5. 要懂得老师提问的积极意义，要有礼貌地对待老师提问。当老师提问时，学生如果要回答问题或者有问题要发问，应该先举起右手，在老师叫到自己的名字时，方可站起来回答问题或者发问，不要坐在自己座位上就七嘴八舌地发言。在老师没有点到自己的名字时，也不要抢先答话。

在起立回答问题时，姿态要文雅，表情要大方，不要抓耳挠腮，或者故意做出滑稽的举止引人发笑。说话时，声音要清晰响亮，不要过低，以免使老师和同学听不清楚。

如果被点到名以后，回答不出老师提出的问题，自己应该站

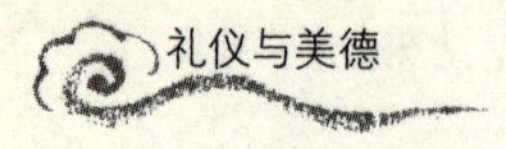

起来，用抱歉的语调向老师表明，这个问题自己回答不上来。

当别人在回答老师的提问时，不要大声喧哗或者窃窃私语，也不要随便插话。如果别人回答不出来或者回答错了，不要讥讽或者嘲笑，也不要马上就脱口而出，只有在得到老师的允许以后，才可站起来回答问题。

6. 能够自觉地做到当天复习当天的功课，复习过程要有明确的目的，每次都要按时按质地完成各科作业，要独立地去完成作业，并且做到书写规范、作业面整洁干净。要充分利用上自习课的时间，抓紧复习，抓紧完成作业。

上自习课的时候，也要做到不迟到、不早退、不缺勤，不要在自习课上交头接耳、大声喧哗，更不要影响他人的正常学习。不私自离开教室、离开座位，不在教室里来回走动，严格遵守自习纪律，不看与自习课内容无关的报刊杂志。

认真进行早读，按教师的要求去完成早读任务，做到眼到、心到、口到，不说闲话，遵守早读纪律。

7. 要注意维持教室卫生，要经常打扫和清理教室，当好值日生。

8. 如果老师在课堂讲课时出现了错误，学生可以在适当时间委婉地提出来，态度要诚恳，要谦和，语气不生硬；更不可以讥笑老师，甚至让老师当场难堪。

总的看来，学生一定要遵守课堂纪律，一定要维护教室中的各项规章制度。特别是要把教室作为班集体来很好地进行建设。

(二)课外活动中

学生除了通过课堂教学去专门地获取文化科学知识之外，课外活动是他们增长知识、提高品德水平、锻炼身体素质的又一种重要形式。学校认真组织学生的课外活动，是学校教育的重要方面。在现代社会，社会生产和科学技术的迅速发展，社会交往的日益广泛，对每个人的发展既提出了更高的要求，也提供了更多的条件，对学生来说，也就意味着有了更加丰富多彩的课余生活。现代教育理论和实践都十分重视学生课余的校内校外活动。苏联著名教育家苏霍姆林斯基认为课外活动是学生“智力生活的策源地”，通过课外活动能够使青少年迈上科学思维的道路。

课外活动指的是学校在课堂教学任务以外有目的、有计划、有组织地对学生进行的多种多样的教育活动。它是学生课余生活的良好组织形式。课外活动与其他的教育形式一样，都是为了实现教育目的，促进学生的身心发展，将他们培养成为全面发展的社会主义建设人才。课外活动又被称为学生的“第二课堂”，它有多种多样的组织形式，在每一种组织形式之中，学生都应当遵循一定的礼仪规范。课外活动主要包括三种组织形式：群众性活动、小组活动、个人活动。在所有的这些活动之中，学生只有懂得其中的礼仪规范才能够更好地参加这些活动。

1. 参加课外活动的时候，学生应当讲究礼仪。服饰应当以干净、朴素、整洁为原则，不要在衣着上追求华丽、追求时髦，更不可以穿奇装异服。

男同学的发式应以理学生头、理短发为宜，这样给人一种富有朝气的感觉。女同学的发式应以理短发，梳辫子或者剪发为宜，这样给人一种清新活泼的感觉。

在校内，学生应当穿球鞋、布鞋或者普通皮鞋，不宜穿高跟皮鞋。

在校内，绝对不允许学生佩戴金银首饰。学校历来是提倡朴素和节俭的地方，如果学生穿戴华丽、满身珠光宝气，会显得没有教养，既违背学校的教育目的，又会使其他学生产生虚荣心，不利于学生的健康成长。

2. 爱护校园环境，维护校园整洁，不随地吐痰，不在校园内乱扔果皮纸屑。保持厕所和下水道的卫生。

无论是参加集会，还是参观访问；无论是参加各种比赛，还是搞调查活动、外出旅游，都应该讲究卫生，不但要讲究个人卫生，还应当极力维护公共卫生。

3. 在课外活动中，要注意爱护校舍和各种公共财物，不得在黑板、墙壁、门窗、课桌椅、布告栏、值周黑板等地方涂抹或者乱写乱刻。更不许用脚去踢门、踩墙。

要培养勤俭节约的品质，要爱护科学实验仪器、用具和药品，不攀折花草树木，不横穿草地，爱护校园内的一草一木。

4. 不打架骂人，不说污言秽语、不吸烟、不喝酒、不吃零食。有了错误要主动承认，要学会对别人说：谢谢，对不起，没关系。不看内容不健康的书籍，不听不健康的音乐。

不在教室门口和楼道内大声喧哗、相互追逐、打扑克，玩游戏以及进行体育活动等。

不准在楼内打闹，起哄或者放鞭炮。

不准在校内骑自行车。自行车应当按要求停放在指定的地点。

5. 只能在运动场上进行球类活动，不要在房屋周围以及道路上进行各种球类活动，不准在篮球场上踢足球。在进行体育运动时，不要敞胸露怀，也不要胡乱冲撞。

观看体育比赛时，要遵守纪律，做文明观众。

参加体育比赛时，要遵守赛场纪律，要有崇高的体育道德风尚。

6. 一定要坚持出早操、做课间操。出操时，教室要关灯、锁门。学生上操时，集合要做到快、静、齐，做操时要用力，要合住节拍，姿势要正确。

7. 升国旗、奏国歌时要立正，要行注目礼。

8. 未经允许不得带外人进入校园。

由此看来，在丰富多彩的课外活动中，无论是哪一类活动，都需要有一定的礼仪规范来要求。遵循了课外活动中的礼仪规范，就能够更加融洽地参加到这些活动之中，这样一来，课外活动在促进学生的全面发展、培养学生的独创性方面就能够发挥其应有的作用。一个讲究礼仪的学生一定可以不断地扩大自己的活动领域，从而使自己与社会联系更加紧密。一个能够得到大家认同的学生就会不断地激发自己的兴趣爱好，这在培养自己的开拓精神与创造才能方面能够起到极大的推动作用。

课外活动可以为那些讲究礼仪的学生提供一个更加广阔的展示自身才能的天地，可以使他们进一步认识自己的特点，看到自己的力量。当他们的人际交往在不断增多之时，他们就能更加广泛地接触社会，接触自然，接触科学技术，特别对那些有文艺特长的学生而言，他们在文艺方面的爱好与兴趣就能够不断地得到激发与巩固。

（三）师生交往中

师生交往是学生人际关系中的一个重要方面。教师，是传递和传播人类文明的专职人员，是学校教育职能的主要实施者。今天，教师已经成为推动经济发展和社会进步的重要力量。学生的发展离不开教师的谆谆教导，教学过程就是教师引导学生进行学习的一种认识过程。在师生互动的过程中，学生的主观能动性发挥着十分重要的作用，教师传授的知识与技能，施加的思想影响，必须要经过学生自己的观察、思考、练习和自我修养以后，才能够转化成为他们的知识与品德。

在师生交往中，作为教师，应该关心学生的学习、思想、生活与身体。应当具备一种学而不厌、诲人不倦的品质。对待学生要一视同仁，对后进生和犯过错误的学生应当进行耐心的开导，晓之以理、动之以情，使他们丢掉思想上的包袱，决不可歧视或者嫌弃他们。

作为学生，一定要有礼貌地对待辛勤工作的老师，要理解老师的心理，要尊重老师的劳动，应当拥有一种虚心学习的思想品质。在与老师的日常交往中，要主动帮助老师做一些力所能及的事情，要表现出一种良好的精神风貌。

一般说来，师生交往中，学生应当遵守的礼仪规范有如下几点：

1. 学生要尊重老师的劳动

上课时要专心听讲，不扰乱课堂秩序，不搞小动作，不看与学习内容无关的书。

按时上课，按时下课。提前两分钟进入教室，听到上课铃响后，要安静地坐在座位上，静候老师的到来。当老师走进教室时，班长或值日生要声音宏亮地喊“起立”口令，全体同学要起立站直，向老师问好，当老师回礼以后方可坐下。下课铃响以后，全体同学要向老师行注目礼，待老师离开讲台后，才可以自由行动。

在课堂上，如果有问题要发问时，不要坐在座位上信口开河，应当先用笔记录下来待老师讲授结束后，再举手提问；或者在课后向老师请教，不可以随便打断老师的讲课。如果老师讲课过程中有不当或错误之处，更不可以当堂指出。

要认真完成老师布置的作业，对老师批改的作业，要虚心接受。如果对老师批改的作业有不同意见，可以个别地与老师一起共同商讨。对老师批阅过的试卷也应采取这种处理问题的态度。

2. 学生与老师谈话时要有礼貌

学生与老师谈话时，表情要自然，语气要亲切，态度要诚恳。在谈话开始时，学生应主动地请老师落座，如果老师不坐，学生也应该站着与老师说话。

在与老师谈话时，不可以东张西望，也不可以抓耳挠腮，应该保持一种端正的姿势。学生应当双目凝视老师，专心致志地听老师说话。

学生应当尽量去理解老师的谈话内容，如果不理解老师说的话，或者有不同见解，学生应当主动地、诚恳地向老师请教，一定要弄明白，搞清楚老师的意思。

学生与老师的谈话要注意场合，也要注意老师的表情变化。

3. 学生进老师的办公室要讲究礼貌

师生在日常交往中，会涉及到生活与学习中的很多问题，学生有时会到老师的办公室去汇报情况，请教问题或者商量事情。

学生在进入老师的办公室之前，应当喊“报告”，如果办公室的门关着，还应当轻轻敲门，待老师允许以后，才可以进入。

汇报情况时，应当简明扼要、言简意赅，还应当把问题汇报清楚。

请教问题时，态度要诚恳，要把问题表达清楚，并且还要征询老师的意见。

如果老师正在休息，就不要去打扰他，以免影响他的时间安排。

4. 要理解老师，要关心老师

对老师的严格要求和批评教育，要虚心接受并且努力按照要求去做。如果老师批评错了或者与事实有一定出入，也不可以顶撞老师，应当平心静气地向老师解释清楚。

老师生病的时候，要多加照护，要经常去探望，对年老体弱的老师，更应当帮助他们做一些力所能及的事。

在路上遇见老师，应当主动地上前打招呼，进出门口或者上下楼梯时应让老师先走。

(四)同学交往中

同学在一起朝夕相处，友谊是使他们在一起共同生活的一条金线。同学之间相处得是否融洽对他们的学习与生活会产生至关重要的影响。在生活中，人们需要相互合作；在校园中，更需要同学之间的彼此合作。良好的人际关系，不但可以使人感受到快乐，而且能够使人获得成功。

即使一个人在学校中的学习很出色，如果他不善于同人合作，不善于搞好同学之间的关系，他的社交能力与合作能力就不会得到相应的提高与锻炼。等他长大以后，在社会中与人交往时，就会时常遇到挫折，总感到不顺，才华也不会得到发挥。

在我们的学校中，也存在着另外一种类型的人，这种人的学习成绩也许并不非常优异，而且还可能成绩平平，但他却很善于搞好同学之间的合作关系。这种人将来走人社会以后，由于很善于处理人与人之间的关系，处处都会受到别人的欢迎与认可，这种人不但拥有一种快乐的心情，而且在事业上还会蒸蒸日上。

从这种对比中不难发现，同学之间搞好关系对一个人的成长与发展而言，起到了十分重要的作用。难怪有的社会学家认为，一个人的成功与否，他的专业知识与技能可能只占30%，其他的70%应当归功于他的人际关系。

1. 同学之间要和睦相处

同学之间要平等相处，尤其是男女同学，不要随便开玩笑。同学之间不能够打架、骂人，不能够伤害别人的自尊心，不嘲笑生理上有缺陷的和学习上后进的同学，对先进的同学不要打击讽刺。

同学之间要互助友爱，彼此之间要树立一种共同进步，共同提高的思想。同学之间要互相帮助，对学习上、生活上有困难的同学，要热情主动地给予帮助。同学生病要前去探望，家里有困难，要想办法帮助解决。劳动的时候，男同学要帮助女同学，大同学要帮助小同学。

同学之间的交往要讲究礼貌。不起侮辱性的绰号，不开恶作剧的玩笑。老同学要关心新同学，大同学要爱护小同学。进出教室时要互相谦让，不要妨碍别人的学习。损坏别人的书本、文具，要主动道歉，必要时要负责赔偿。

当同学之间发生矛盾时，要心平气和地摆事实、讲道理，不要意气用事，不要出口伤人，更不能够动手打人。

2. 同学之间的谈话要注意礼节

谈话是交流思想的主要方式。同学之间的谈话能够增加了解，增进友谊，增长知识。同学之间的谈话要注意态度，要注意谈话的内容。

同学之间是相互平等的，彼此之间谈话的态度要谦虚、要诚恳、语调要平和。说话时千万不要装腔作势或者盛气凌人。听别人说话时，态度要认真，精力要集中，不应表现出无精打采或者漫不经心的表情，更不应轻易就打断别人的谈话。

如果同学在谈话的过程中，出现失误或者说法欠妥，应该在不伤害自尊心的前提下，委婉、恳切地指出来。

谈话的内容要真实、健康，自己对某一个问题或者事物的看法要实事求是，不要胡乱地恭维别人，也不要随意地伤害别人。不要说不文明的污言秽语，不要传播谣言。

二、校外生活中的礼仪规范

（一）家庭中

家庭是人类社会生活的基本单位。一个人自从出生以后，在父母亲的哺育与照料下，不仅在血缘基础上形成了更加稳固的父子关系与母子关系，而且也开始进入到了人际关系的网络之中。从小时候开始，在父母亲的教育与指导下，一个人就能够自觉或者不自觉地开始学习和运用礼仪了。作为人生的第一任老师，父母对子女的家庭教育最先就是从如何为人处世这一方面开始的。家庭教育的目的是在儿童入学前保证儿童身心健康地发展，为接受学校教育打好基础，礼仪教育是其中的一个重要组成部分。这也是说，从很小的时候起，我们就已经隐约地知道在家庭中哪些不该做，哪些应该做。

懂得家庭礼仪，这对形成一种融洽的、和睦的、互敬互爱的家庭关系以及彼此信任、尊重与支持的亲友关系起着重要作用，中学生在家庭中的礼仪规范主要涉及到四种人际关系:与父母、与兄弟姐妹、与亲戚、与邻居之间的关系。一般说来,在涉及到每一种人际关系时,中学生都需要注意以下几方面的家庭礼仪规范。

1. 正确使用家庭称谓

家庭称谓是用来表示家属之间和亲戚之间关系的特定名称。我国传统的家庭称谓直接标明了父系与母系,从称谓上能够看出被称谓者是父亲家族的还是母亲家庭的成员,从称谓上也能够判断出被称谓者是男还是女,还能够从称谓上看出家庭成员的长幼关系。因此,中学生必须学会正确地使用家庭称谓,切不可以张冠李戴,胡乱称呼,那是不尊重自己家属与亲属的一种不礼貌的行为。

中学生应当懂得下列家庭称谓:父亲的兄弟为伯父、大爷、叔叔,父亲的姐妹为姑姑,父亲兄弟姐妹的子女为堂兄弟、堂姐妹、表兄弟、表姐妹。母亲的兄弟为舅,母亲的姐妹为姨,母亲兄弟姐妹的子女为表兄弟、表姐妹。与此同时,在称谓上对直系与旁系亲属也有严格的区别,从自身出发,直系长辈依次为:父、祖父、曾祖父、高祖父。直系晚辈为:子、孙、曾孙、玄孙。

当然,由于我国地域辽阔,民族众多,各地的风俗习惯有着很大的不同,因此,在家庭称谓上也存在着较大的差别。但是,不管差别有多大,各民族在家庭社交中都会使用敬称与谦称,这是家庭之中、亲友之间表示互相尊重的一种方式。

当然,中学生一定要注意,敬称并非表示自己有意去奉承他人,谦称也并非表示自己的谦卑。敬称与谦称都是一种礼貌,是人际交往的一种客观要求。正确掌握和使用好了这些家庭称谓。就等于拿到了开启家庭礼仪之门的钥匙。

2. 学会正确地使用家庭礼仪中的问候语

家庭是人生中温馨的情感港湾,作为中学生,家庭是自己赖以生存的天空与大地,和睦的家庭环境是中学生发展自己的人生基础，学会问候则是创造和谐家庭的根本力量。离开家庭去上学或者外出办事，都应当向父母打招呼："爸爸、妈妈，我走了，再见。"上学回家或者外出回来之时，应当说："爸爸、妈妈，我回来了。"见到父母离家或者归家，更应当主动打招呼，主动地问候他们。在日常生活之中，主动问候自己的父母和亲戚朋友，经常地嘘寒问暖，更是一种增进感情的良好方式。

有些中学生根本就不去重视问候的作用，他们认为问候只不过就是说上一句"你好"，甚至还有一些中学生认为问候只是社会上的一种客套的寒暄用语，在家庭中根本没有必要使用问候这种客套的言辞。其实不然，问候是交流思想感情、关心现实生活的一种礼貌用语，它极大地促进了人们之间的思想交流与彼此合作，它带给家庭的是欢乐、和睦与合作。

在平常生活中，中学生可以把问候分为早间问候、午间问候、晚间问候，也可以按场合将其分为离家问候与回家问候。早晨起床后，一般的问候语为"早安""早上好"。晚上就寝前，一般的问候语为"晚安"。离家时说上一句"我走了"，回家时说上一句"我回来啦"。

除了这些日常问候之外，还有很多的节日问候与特殊问候。对于节日问候，中学生一般也比较熟悉。而对于特殊问候，很多中学生却不太在意。例如，当家人或者亲戚之中，有人恰逢生日、上学或者事业成功等喜事时，应当及时地表示祝贺并且致以衷心的问候。当家人或亲戚之中有人遭遇不幸之时，例如家中失火、失窃、事业受挫、恋爱失败等，要及时地致以同情、安慰的问候并且表示出给予帮助的愿望。这样的问候能够使对方得到慰藉，这对沟通感情大有好处。

当然，在表示问候时，一定要正确地选择比较恰当的方式。通常情况下，问候的方式可以分为这么几种：书信、电话、礼物、明信片或者贺卡。至于选择何种方式，完全应该根据具体情况因地制宜，因时制宜，因人而异。

3. 要懂得一些必要的家庭应酬

中学生必须要从家庭的“迎来送往”中学到其中的一些基本礼仪，并且在日常生活中要正确地运用这些礼仪。家庭应酬一般包括做客、待客、赠送礼物、接受馈赠和表示庆祝等。

(1)做客

到别人家去做客，如果是专门访问，事先应当写封信或者打个电话告诉亲戚朋友自己将于什么时候前去拜访，并且要说清自己拜访的目的。同时，也要问清楚对方的看法。

如果仅仅是一次未曾预约的拜访，首先应当说明来意。并且要注意做到见机行事。例如，自己的亲戚朋友或许正准备出门，就应该在三言两语的谈话后尽快离开。如果对方家里已有其他客人在场，就应该在门口稍稍寒暄两句后尽快告辞。

无论是专门拜访还是顺便来访，中学生都应该注意以下几点：

第一，选择适当的时间，最好不要在别人吃饭或休息时去拜访。

第二，进门前应轻轻敲门或按响门铃，得到允许后方可进入。

第三，做客时，坐要有坐姿，站要有站相。

第四，见到主人端茶，拿糖果来招待自己时应表示感谢。

第五，向主人告辞前，不要表现出急于想走的样子。

有很多时候，到亲戚朋友家去做客，是应邀而去的，通常是受到宴请。赴宴时，要讲究入席礼仪和席间礼仪，就座时，不要捷足先登，急于落座；就座后，要保持一种端正的姿式，不要两腿摇晃或者头枕椅背伸懒腰。动筷吃菜前，不要争先，更不要站起来夹菜，要尽量等待主人的招呼。进餐时，要挺直身体，不要伏在桌子上。喝汤时，要用汤匙就着口喝，不要发出声响。当嘴里塞满食物时不可说话，如果别人要和你说话，也要等嚼完以后再回答。

(2)待客

在家庭中,对待来访的客人,要热情、讲礼貌。当亲戚朋友进门后,要热情地表示欢迎,如果客人手中提着东西,要主动接提。

在给客人敬茶的过程中,要事先把茶具洗干净,如果不管茶具是否干净就直接倒茶,这是十分不礼貌的。倒茶水时要适量,防止倒得太满溢出来或者只是遮过杯底。按照中国传统习惯,应该用双手为客人端茶。

客人来访时,如果恰巧赶上自己的吃饭时间,应当主动邀请其一起就餐。假如客人确实已经吃过,自己也要放下饭碗去陪客,其他人则可以继续用餐。

如果客人来访时,自己确有急事需要外出,应该向客人说明情况,并且要尽快了解客人来访的意图。假如时间允许,可以约定再次见面的时间与地点。然后一定要关照家里的其他人员好好地招待客人,自己才能离开。

当客人要告辞的时候,作为主人一定要婉言相留。如果客人执意要走,不可强行挽留,要尊重客人的意见,以免让客人为难。客人提出告辞时,主人应当等客人先起身后,自己再起身相送。送客时,一般都要送出房门,然后再握手道别。千万不要刚和客人握手道别,马上就转身进门,更不要客人前脚刚跨出门槛,后脚就把门关上。如果由于身体的健康原因不能够起身相送要告别的客人,应当诚恳地向客人说明原因,并且表示歉意,还应关照其他家属代为相送。

(3)赠送礼物

每逢过年过节或个人喜庆,家庭成员和亲戚朋友之间,有时需要互赠礼物以增进彼此之间的感情。作为子女,给父母赠送的物品,并不在于昂贵的价格,而首先在于对父母的一片孝敬之心。比如,你现在要赠给母亲一件礼物,最好送给她实用的物品,并且一定不要花钱太多,因为对于勤俭持家的母亲而言,朴素节约往往是非常必要的。

给长辈赠送礼物，必须要有针对性，不要一味地仿效别人送蛋糕、送烟送酒，可以选择送一些精致的字画。经常地问候长辈就是送给长辈最好的礼物。

兄弟姐妹之间互赠礼物应该以实用为第一原则，这样既可以减少不必要的浪费，又达到了交流感情的目的。兄弟姐妹之间选择礼物时，如果实在不好挑选，可以直接向对方探询，或干脆邀请对方一起去买。

(4)接受馈赠

中学生在给别人赠送礼物的同时，也可能收到别人赠给自己的礼物。在中国社会，亲戚们往往在前来拜访之时带上一些礼物。无论是父母赠给你的礼物，还是亲戚朋友们带的礼物，都要郑重地表示感谢，最好是当面打开礼物并且赞美一番。一定要好好珍藏自己接受的礼物。

如果自己的哥哥或者姐姐赠送礼物给你，也一定要表示谢意，无论物品的贵贱，都要特别爱惜。

(5)表示庆祝

为了增进家庭中和谐的气氛，每当重大节日到来之时，作为晚辈，一定要向爷爷奶奶、父母、哥哥姐姐祝贺节日快乐。

庆祝生日通常是一个家庭中特别值得纪念的事情。庆祝生日通常包括庆祝婴儿、庆祝老人、庆祝成年人和庆祝自己的生日。婴儿的诞生，是一件喜事，一个家庭通常都要隆重地庆祝一下。给老人祝寿是中华民族优秀的传统，给祖父祖母，外祖父外祖母祝寿通常都应准备一份寿礼。寿礼的范围很广，常见的有寿糕、寿桃、寿面、寿联等。庆祝成年人的生日一般比较简朴。例如，为自己的父母庆祝生日，你可以与自己的兄弟姐妹一起准备一些比较丰盛的酒菜，或者准备一个生日蛋糕，或者准备一些寿面，还可以送一个生日贺卡。

如果家庭成员在过生日的时候恰巧在外地工作或是学习，这时候寄送的生日贺卡是非常有纪念价值的。

除了生日、节日的庆祝以外，中学生还会在家庭应酬中遇到一些其他的值得庆祝的事。例如，哥哥或姐姐的升学之喜，亲戚家的婚礼、乔迁之喜等等。无论参加什么活动，都应当表现出良好的礼仪修养。

中国有句俗话，叫作“远亲不如近邻”，搞好邻里关系是进行正常社会交往所必不可少的一个重要基础。

与邻居之间要做到互敬互爱，互助互让，见面时要主动打招呼。对邻居家的老人、小孩要像对待自己的亲人一样去关心和爱护。首先要以身作则，讲究礼让，注意和平相处，注意维护公共卫生。对于邻居的生活习惯，脾气性格以及兴趣爱好都要尊重和照顾。早出晚归要顾及邻居的休息。

尊重邻居，不要去打探别人的隐私，尤其不可以搬弄是非、制造谣言。要信赖邻居，如果有什么急事可以主动请求邻居的帮忙。

如果自己的父母与邻居发生矛盾，不可以随意帮腔，推波助澜，要多做父母的工作，主动和邻居化解矛盾。

邻居家有困难要主动地帮忙。对于老弱病残者，要主动照顾，帮助邻居解决实际困难。

如果是自己与邻居之间发生了矛盾，要主动相让，不可以纠缠不休，更不能够欺负邻居家的小孩。对于邻居不太合理的做法，应当心平气和地对他们讲道理，千万不要争吵甚至动手打架。

处理好了邻里关系，对于中学生的健康成长起着重要作用，确实能够使中学生置身于一个十分温暖、和谐的环境之中。

（二）公共场合中

公共场所是大家共同生活的地方，是否能够维护公共秩序、讲究公共道德可以在一定程度上反映出中学生的礼仪修养。

公共场所的人口密度大，活动频率高，因此，在公共场合中要养成文明的公共生活习惯。对于一个生活在城市中的中学生而言，公共场所主要包括居民住宅小区、商店、体育场、电影院、商场、餐馆、公共交通车船等等。

1. 在公共交通工具上

购买车、船票以及等候车、船时，要自觉排队，按先后次序购票上车上船。要主动为老弱病残，孕妇以及抱小孩者让座，不要抢占座位，更不要为别人占座，如果在拥挤时不小心碰撞到他人，应当主动向对方道歉；如果被别人碰撞，也要主动谅解他人，不要因为一点小事就争吵不休。

要做文明乘客，上车、上船以后应当主动向里移动，不要站在门口。对乘务人员要有礼貌，要尊重他们的辛勤劳动，并且主动配合他们维护好车船内的公共秩序。遇到乘车高峰时不要一哄而上，更不要强行扒车。夏季乘船坐车时，不应当只穿汗衫背心，不应当打赤膊。要注意维护公共车、船上的公共卫生，爱护车、船上的公共财物。

下车、下船之前，要及早作好准备，及时地向门口靠拢，要主动向乘务人员出示票证。一定要等车、船进站停稳之后，再有秩序地快速下车，要主动地扶老携幼，帮助他人。

2. 在马路上

中学生一定要遵守行路规则和交通规则，步行要走人行道，横穿马路要走过街天桥或地下通道。

骑自行车上学或者回家时，要严格遵守交通规则，不抢行，不逆行，不准骑车带人，不闯红灯，要主动避让马路上的行人，不要成群结伙在马路上骑飞车，也不要追逐机动车辆，更不要把自行车随意停放在路口或街头。

向别人询问道路时，态度要谦和，言辞要客气，询问后要表示诚挚的谢意。别人向自己询问道路时，回答要准确，不知道时不要乱指示，更不要装出一副不理不睬的样子，尤其是外地人在向你问路的时候，千万不要玩恶作剧。

不要在马路上玩游戏，不要长时间地站在道路当中与人交谈。路上如果发生了争吵或者交通事故，不要围观，要主动告诉警察。走到人群十分拥挤的地方，要有秩序地依次通过。不要几个人一起并肩行走。当别人不小心碰撞了自己或者踩了自己的脚，要学会谅解别人，不要争吵。

要维护马路上的环境卫生，不要乱扔果皮纸屑、乱扔废物杂物。要爱护公共财物，不要损坏或者破坏公共财物。不要乱贴乱画。

要讲究公共道德，维护正常的社会秩序。

3. 在会场、体育场和影剧院中

无论是参加集会，观看体育比赛，还是观看电影和各种演出，都应该做一个文明观众，应表示出一个学生应有的礼仪素养，不要做出不礼貌的行为。

参加集会时要提前到达，按时进场，如果确实因为有事而迟到，应当主动向会务人员说清理由，并且找个适当位置轻轻坐下。

开会时，一定要保持会场里的肃静，要全神贯注地听报告、看演出，不要左顾右盼、窃窃私语，也不要大声喧哗，更不要在会场里来回走动。不要看书看报或者做其他事情，也不要早退。

当讲演者讲到精彩之处，或者集会结束时，应当鼓掌致谢，不可以起哄，鼓倒掌。会议结束后，要按顺序依次地退出会场，不要一哄而散。

到体育场去观看体育竞赛时，要自觉遵守体育场的规则。入场之后，不要争位子、占地盘，要在指定的位区、固定的座号上坐好。不要在体育场内来回走动，不要横穿球场，不要与自己的伙伴在体育场内追逐打闹。要听从指挥，不得妨碍运动员和场内工作人员的比赛、休息和工作。

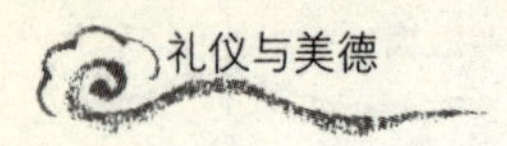

要做文明观众，要热情，公正地观看比赛，不要偏袒其中任何一方。千万不要只为一方或者较强的一方喝彩叫好，而对另一方或者较弱的一方吹口哨、喝倒彩。

要支持运动员的表演，即使他们的技术水平发挥失常或者出现失误，也应当对他们持有一种谅解和支持的态度。要支持裁判员的工作，尊重裁判，不要对裁判起哄，即使裁判有失误之处，也应当冷静对待。

要注意维护体育场内的环境卫生，保持场内清洁。

要按顺序依次退场，不要争先恐后地一哄而出。

到影剧院观看电影或者演出时，要凭票按时进场，要对号入座。入座时，如果同一排已经有人落座，在要求相让的同时，应当点头致意，或者说一声“对不起”“麻烦了”。

观看时，坐姿要端正，不能够东倒西歪、左右晃动，应当摘下帽子，以免挡住后面观众的视线。要保持安静，不要高声喧哗。

要尊重演员的劳动，每个节目的演出结束时，应当热情鼓掌。即使演出不太令人满意或者出现差错，也不得喝倒彩，不得起哄、吹口哨或者发出嘘声怪调。

要爱护影剧院的公共设施，不慎损坏时，要主动向影剧院道歉、赔偿。

4. 在商场里

对营业员要有礼貌。购买物品时，要用恳切的语言招呼营业员，不能够使用命令的语气说话，更不能够出言不逊。如果营业员正在为他人服务，要耐心等待，不要急于打招呼。在招呼营业员之前，一定要事先看准物品，假如挑选的商品不中意，要向营业员表示歉意。

如果商场里购同一样商品的人很多，不要拥挤，要自觉排队购买，不要插队，也不要为别人代买。遇到态度不好的营业员，要和善地提意见，或者通过正当渠道向商场的领导反映情况，千万不要以牙还牙，甚至发生争吵。

如果需要调换或者退换商品，应当耐心地说明原因；假如按照有关规定不能够进行调换，不可以强求调换，甚至大发雷霆。

购物时要注意维护商场的环境卫生，不要随地吐痰，不要乱扔杂物。

5. 在其他场合

中学生的校外生活往往是非常多姿多彩的，他们有时也会逛公园，参观名胜古迹，有时还会到城市图书馆和阅览室去阅读。

参观名胜古迹时，中学生一定要注意关心他人，注意礼让。特别是遇到曲径小路、山洞和小桥时，更要遵守旅游规则，不要争先恐后，以免发生危险。要保持公园和名胜古迹所在地的清洁卫生，不要乱扔果皮、纸屑和杂物。不要躺在公园的长椅上睡觉，见到老弱病残者和抱孩子的应当主动让座。

到公共图书馆去借书或者阅读，应当注意衣着整洁，进入室内脚步一定要轻。借书时要做到彬彬有礼，不要粗声粗气。

在阅览室看书时，不要窃窃私语，也不要大声喧哗，更不要利用阅览室的座位休息或者睡觉。要爱护公共图书，不要损坏，弄脏或者随处乱画。损坏图书要按照规定进行赔偿。

综上所述，中学生在校外生活中，尤其是在公共场所中进行活动时，一定要注意维护公共秩序、讲究公共道德。

学会和父母进行沟通

人世间最伟大的爱、最无私的爱莫过于父母之爱，父母把子女养育成人恩重如山。子女在与父母交往中最重要的一条就是敬重自己的父母。其次，做子女的一定要关心和体贴父母，并且

把这种关怀看作是一种义务。但是，目前有一些中学生认为自己和父母之间有“代沟”，甚至看不起父母，这是一种错误的认识。做子女的无论有多深的学识，有多高的官位，都应该孝敬和体谅父母，因为父母永远是自己的第一任老师，永远是自己最诚恳的朋友。

当然，在现实生活中，中学生如何去与父母取得思想上、行动上的沟通，逐渐消除我们认为确实存在的“代沟”，的确不容易。

活动：感谢父母。(1)学会用声音表达对父母的爱意，举办演讲《献给父母的歌》。中学生应从心底滋生对父母的爱意。(2)要在行动上表现出沟通的诚意，无论多么美好的语言如果不落实到行动中去，都有不会产生任何实际上的效果。布置活动，让每个学生回家后为父母做一件事，在行动上和父母进行沟通。

第五章　礼仪与修养

随着社会的不断发展，人与人的交往变得更加密切，礼仪这种人际交往的行为规范愈显重要，它逐渐成为衡量个人修养水平和社会文明程度的重要标志之一。

对个人而言，礼仪是一个人思想水平、文化修养、交际能力的外在表现；对社会而言，礼仪是一个社会文明程度、道德风尚和生活习俗的反映，是精神文明建设的重要组成部分。而礼仪水平的提高关键在于加强和提高个人及整个社会的综合素质和修养。所以，学校礼仪教育的落实除了进行礼仪教育、礼仪培训外，更主要的是切实加强和提高学生的自我修养。修养是指一个人为了提高自身素质进行的自我锻炼、自我教育的过程，它由人文修养、审美修养、思想道德修养和其他一些修养共同组成，是人们追求至真、至美、至善的重要途径。

一、礼仪与思想道德修养

思想道德修养是指一个人的道德意识、信念、行为和习惯的磨炼和提高的过程，同时也是指其所达到的一定思想境界，它会自觉地指导人的行为，使其贯彻执行一定的礼仪规范。

自我修养，首先离不开正确思想和信念的指导；其次是在这种正确思想和信念的指导下，不断调适自己的心理意识，以完成

"内修于己",达到修身的目的;再次是从修养或自我完善的基础上,正确处理个人、集体、国家三者之间的关系,实现自身的社会价值。落实在礼仪教育中,就是要学会正确处理人际交往中出现的各种繁杂的社会关系,达到自身在社会中的特定目标。思想道德修养的途径和方法有很多,在这里主要介绍以下三种:

(一)内省慎独法

内省是对自己内心的省视,是一种自律心理,是一种自觉的自我反省的精神,是一种内心的自律进取。在人际交往中,通过"内省",深刻反省自己言行举止、待人接物、为人处世的种种表现,进而作出自我评价,进行自我批评,调控自我行为,进一步实现规范和完善。我国古代大儒孔子提倡在对自身的言行仪表进行内省时,至少要做到九个方面的思考:看的时候,考虑看明白了没有;听的时候,考虑听清楚了没有;脸上的表情,考虑是否和蔼可亲;自己的容貌,考虑是否端庄严肃;说起话来,考虑是否忠实;做起事来,考虑是否认真尽职;感到疑难的时候,考虑是否向别人虚心请教;将要发怒的时候,考虑是否会引起什么后果;见到有利可图的时候,考虑自己是否应该得到,是不是不义之财。中学生完全可以在日常交往中,对照上述九个方面的思考,把自己每天的言行记录下来,好好总结得失成败,及时纠正自身的不良行为,养成习惯,半年至一年内定会有不少收获。除此之外,孔子还主张"以人为镜",中学生可以把自己的行为和他人言行的得失进行比较,进而反省自己。

与内省相比,慎独则是侧重于自己的外在行为表现,它不仅是一种思想道德修养的方法,而且还是思想道德修养所需达到的一种崇高境界。慎独强调的是思想道德主体内心信念的作用,是一种"理性的自律",是一种自我监督。慎独的前提是慎思,只有慎思,才能做到慎言和慎行,从而达到慎独的境界,这就要求中学生要努力做到在无人监督的情况下,能自觉遵守和贯彻执行约定俗成的礼仪规范。

（二）知行统一法

知行统一对于礼仪与修养有特殊的意义。思想道德修养的提高必须由一定的行为来体现，没有礼仪水平的提高就等于没有进行思想道德的自我修养。因此，一个人的思想道德修养，并不是只看他掌握了多少思想道德方面的知识，更重要的是看它是否落实到行动上，是否做到了知行统一，言行一致。

知行统一，言行一致，既是自我修养的一种方法，也是人的一种品质。俗语说“听其言而观其行”，实际上就是衡量一个人的言行是否一致。言行一致乃正人君子，言行不一是地道小人。在言与行之间，我们主张“重行轻言”，这一点对中学生进行自我修养和识人看人上是至关重要的，我们要把知行统一、言行一致作为自己思想道德修养的最高境界。

（三）事上磨练法

事上磨练法是指在具体事务上锻炼才干、磨练意志实现自我修养的方法。礼仪是一些具体的言行举止，必须放在一定环境、具体场合中进行评价，仅从思想上认识规范的言行是远远不够的。但凡是说起来容易，做起来就不一定容易。“尊敬师长”是我们都知道的准则，但在日常生活中，要面带微笑主动向老师问好却是很多同学做不到的。为什么？事上磨练就是通过做实实在在的事，在做的过程中去体验、去反省、进而提高自身的礼仪水平，达到增进修养的目的，即所谓“世事洞明皆学问，人情练达即文章”，这对于中学生培养实际能力，磨练意志、陶冶性情、健全人格、丰富阅历都是大有益处的。

总之，思想道德是一个人在学习和实践社会行为规范的过程中，经过涵养锻炼所形成的比较稳固的特征和品质，是一个通过自我修养所要达到的品行目标。礼仪水平是自我思想道德修养的重要内容。俗语说：“没有规矩不成方圆”，没有礼仪准则中所规定的人类为维系社会正常生活而共同遵循的道德行为规范，人类社会就难以维系。礼仪水平是衡量一个中学生思想道德水平高低的重要标志。

二、礼仪与人文、审美修养

人文修养，其主要内容是历史、文学和理论等方面的修养。人文修养、文史哲知识的修养，是高层次人才全面素质的基础。中学生要成就任何事业都需要有扎实的基础，好像建造高楼大厦，必须先打地基，楼越高，地基越深，楼高与基深成正比。凡不在基础上下苦功与急功近利的人，将来是难有大作为的。

中国文学尤其是古典文学，有许多是中国传统文化的优秀之作，也是人文知识的宝库。中学生应当读一些中国古典名著，对唐诗、宋词也应有所了解。作为一个有 5000 年悠久文明史的国家，我们的中学生应当了解中国历史。中学生只有有了比较丰富的历史知识，才能以史为鉴，努力提高自身修养。

理论修养，尤其是哲学修养，是人文修养的至高点，没有理论思维和哲学修养，很难有高水平的人文修养的。中学生朋友应当注意学习马克思主义哲学，掌握科学的世界观和方法论；学好中国哲学史，把握中华民族传统文化的精髓。

审美修养是人才的基本素质之一，是通向成长之路的桥梁，更是中学生自我发展的需要。美，不论是自然美、艺术美还是社会美，都能够引起人们的共鸣，提高心灵境界，启发人的智慧，陶冶性情、形成品德、美化人生，只有提高审美修养，才能去发现美、评价美、讴歌美，才能塑造美的心灵，奉献美的产品，才能去辩别美与丑，去同一切丑恶现象做斗争，抵制低劣、消极、庸俗的习气。

其实，无论是文人修养还是审美修养，都涉及到欣赏作品的问题。在我们欣赏一些文学艺术作品时，必然会受到其内含文化韵味的熏陶，同时，会受到作者世界观、道德观等方面的影响，倾心于艺术作品所描绘的美轮美奂的境界之中，获得审美的陶醉和感情的升华，思想得到启迪，培养道德情操和文明习惯。

中学生礼仪教育的成效如何，在很大程度上依赖于中学生欣赏能力的提高。礼仪训练改变的只是学生的外表形象，只有通过受教育者内在审美能力、欣赏能力的提高并发挥作用，才能转化为优良的礼仪范型。因此，对中学生进行礼仪教育，关键在于运用行之有效的启发诱导手段，培养学生的一双善于捕捉形式美的眼睛，一对善于感受音乐美的耳朵和一颗善于施展行为美的心灵。为此，必须从以下几个方面来培养学生对美的欣赏、体会能力：

1. 直觉感受力。这是一种不假思索、于一刹那间对美产生情感反应的审美能力。要充分呵护中学生的那颗在逐渐“弱化”的情意绵绵的“爱美之心”，使之在美的熏陶中不断强化，同时要逐步提高其审美直觉在领略美的意味方面的有效性。

2. 朦胧知觉力。理性思维注重清晰的逻辑分析，但过于理性化的分析有时会窒息美感。谁能设想用科学的头脑去观察八月十五的月亮并从中“看”到月宫蟾兔桂树因而萌发缠绵温馨的美感呢？因此中学生要用富有诗意的朦胧的眼光去观察审美对象，学会从整体形象的风姿神态中汲取无穷的意韵。

3. 由表及里的领悟力。即学会把握外在形象与内在意蕴的对应关系，学会“披文以入情”，透过形象细节领略内在无穷意味。如果有可能，同学们最好能将所体验到的“了然于心”的审美韵致讲出来，写出来，画出来，最终在行动中体现出来。

4. 审美想象力。想象，意味着创造，意味着审美者的思绪在美的感染和启发下飞扬高举，进入“推陈出新”的创造天地，按照经典作家的说法，人在创造性的想象中，使“对象成了他本身”，在想象的浩渺苍穹中创造对象的过程，是人的聪明才智对象化的过程。它所产生的效应是双重的——既孕育出新的对象，又催生出新的自我。

5. 实践体现力。对美的欣赏和感悟,最终体现在人的行为实践中。在对中学生进行礼仪训练时,应当特别注意内在修养的提高,特别推崇修炼“内功”,由内而外,蕴于内而形诸于外,而不是单纯地强调形体的修饰和刻画。当外在的言行举止受到内在的符合美的规律的心理动因所引导、所制约、所濡染、所笼罩时,美化了的外在形象也就比较容易定型和固化。这正是我们在中学生礼仪教育中所希望实现的最终目的:在社会实践中展示中学生的青春风采。

通过培养和提高中学生对美的欣赏、体现能力,让他们切身认识美其实就是一种生活溶解在心灵中的秘密。心理学告诉我们,在一定的时期内,使人的一切活动染上特定情绪色彩的现象,叫作心理状态。心理状态是伴随着审美体验的美感过程的结果,对于不同的美的体验有不同的心理状态。

自然美,是一种由色彩、线条、形体、音响等要素组成的蕴含着特定意味的形式美,对人的影响力,有着“随风潜入夜,润物细无声”的特点。这种巨大的感染力,来自于人与自然的亲密无间的融合共鸣,在人审美的两耳双眼与美的景致相遇时,人的情感思绪与物的形式要素彼此沟通汇聚,达到情景交融的境界。

社会美是以人为中心的社会现象和社会事物的美。如果说自然美是美在形式,那么社会美则美在内容。常言道:“鸟美在羽毛,人美在心灵”,说的正是这个道理。尽管如今的人们非常倾心于容貌的美丽,但从根本上说,人的内在秉性,诸如品德、性情、气节等心灵美的因素仍然是大家所十分看重的,在人际交往中我们努力创造的就是人心向善的审美气围。

作为自然美和社会美的集中反映,艺术美是大千世界美的最高形态,处于美的巅峰,是形式美和内容美的完美结合。正因为如此,艺术美才具有难以抵挡的魅力,经常会笼盖整个社会氛围,成为人们所津津乐道的主体,虽然它有多种表现形式(实用艺术、表演艺术、造型艺术、语言艺术、综合艺术)，但它来源于生活又高于生活的永恒感染力，使之成为人性升华的圣殿。

如果我们经常沉浸在某种美的氛围之中，若特定的心理状态经常萌现，浸润着整个精神世界，就会影响一个人的个性风貌、仪态风姿。喜气洋洋的心理状态反复持久地出现，就能促成乐观开朗的气质；爱意无限的心理状态经常出现，就能促成和蔼合群的性格。美感过程(伴随着审美体验)——心理状态——个性特征，如此审美陶冶的“三级跳远”意味着与体验过程相同步的美感过程，通过染就特定的心理状态，进而影响人的个性特征。

要通过审美陶冶塑造自己良好的性格特征、礼仪风貌，就必须多多地沉浸在美感心理状态之中。美感心理状态主要有心境和激情两种。心境是心理状态的潜在的、微弱的而又长期的表现形式，集中体现了审美活动潜移默化的特点。激情是短时间的暴风雨般进行的、非常紧张的情绪反应。因此，就对个性品格的影响方式而言，心境如若造成“活头源水随时满，东风花柳逐时新”式的渐变，激情则能引起“忽如一夜春风来，千树万树梨花开”式的骤变。如若取长补短，协调配合，把持续不断却比较微弱的心境和稍纵即逝却相当强烈的激情交替地衔接起来，就可构成塑造个性风貌的张弛有致的最佳心理状态序列。

鉴于中学生半幼稚半成熟的特殊心理年龄，我们的礼仪教育，必须尽可能提供与这一年龄段的心理承受能力和理解能力相适应的审美刺激物。在礼仪培训中循循善诱、严格要求，发挥审美刺激物所特有的高度渗透性的特点，用美来感染和打动学生，进而运用科学的诱导方法使其将难以言尽的美感化为形体动作。同时要注意让学生反复体验，让其为某种情感氛围所感染，使不断重复的心理状态转化为较为稳定的个体形象塑造的内驱力量。

从上述的内容中，我们可以得知：一个人的形象是内形象和外形象的辩证统一，质于内而形于外，内形象决定外形象。这正是礼仪和修养的关系，也是礼仪教育中修养重要性的具体体现。

训练

让文明礼仪之花盛开

爱美之心，人皆有之；爱己之心，人更有之。谁不想风度翩翩、彬彬有礼？谁不想气宇轩昂、气质超群？更何况是爱表现、爱出风头的中学生，但在实际生活中，也确有一些学生将文明礼貌当作区区小事，在我们文明整洁的校园中，也时常会出现一些有欠文明的不和谐音符，并在一定程度上影响了学校的形象。

人类进步需要礼仪。礼仪虽然是一种外在的、可以看得见的东西，但它决不是表面文章、形式主义，更不是逢迎、虚伪，其实，礼仪有着更深刻的内涵。礼反映德，以德相济，礼德相融，相得益彰，“成于中”必定“形于外”，“秀于外”也必“慧于中”。一百多年前，生活在哥尼斯堡的一位叫康德的老人曾说：“世界上唯有两样东西能使我们的心灵受到深深的震撼：一个是我们头顶上灿烂的星空，另一个是我们内心深处的道德法则。”是的，让我们用内心深处的道德法则规范我们的言行，倡导新时代的礼仪之风，让文明礼仪之花盛开在我们周围！

活动：在全校发出倡议——《做一个文明的中学生》。

下编　中华传统美德

第六章　忠

千秋青史在，
往往吊忠魂。
涅背先垂训，
披肝直报恩。
精诚光日月，
正气塞乾坤。
一事天然好，
求之孝子门。

经典格言

1. 以家为家，以乡为乡，以国为国，以天下为天下。

【出处】《管子·牧民》

【大意】把家当作家，把乡当作乡，把国家当作国家，把天下当作天下。

2. 临患不忘国，忠也。

【出处】《左传·昭公元年》。

【大意】面临着患难而不忘自己的国家，这就是忠。

3. 公家之利，知无不为，忠也。

【出处】《左传·僖公九年》。

【大意】对公家有利的事情，只要知道了就没有不去做的，这就是忠。

4. 长太息以掩涕兮，哀民生之多艰。

【出处】屈原《离骚》。

【大意】一声长叹，我禁不住流下了热泪，哀怜民众的生活是多么艰难。

5. 苟利国家，不求富贵。

【出处】《礼记·儒行》。

【大意】如果对国家有利，自己就不去追求富贵。

6. 捐躯赴国难，视死忽如归。

【出处】曹植《白马篇》。

【大意】为了国家的危难，宁愿献出自己的生命，将死亡当作回家一样从容。

7. 烈士之爱国也如家。

【出处】葛洪《抱朴子·外篇·广譬》。

【大意】有抱负、有作为的人，他们爱国就像热爱自己的家一样。

8. 先天下之忧而忧，后天下之乐而乐。

【出处】范仲淹《岳阳楼记》。

【大意】在普天下人忧虑之前，自己首先忧虑了；在普天下人都快乐之后，自己才快乐。

9. 位卑未敢忘忧国。

【出处】陆游《病起书怀》。

【大意】虽然自己地位卑微，但是不敢忘记为国家分忧。

10.人生自古谁无死，留取丹心照汗青。

【出处】文天祥《过零丁洋》。

【大意】自古以来，有谁不死？我只求用一颗赤诚的心照亮历史的记载。

11.尽忠报国。

【出处】《宋史·岳飞列传》。

【大意】竭尽自己的忠诚报效国家。

12.苟利国家生死以，岂因祸福避趋之。

【出处】林则徐《赴戍登程，口占示家人》。

【大意】如果对国家有利，即使死了也在所不惜，怎么能够因为有祸患就退避，有幸福就争抢呢？

经典故事

比干死争

比干强谏　尽其忠诚　纣王淫泆　遂以死争

【原文】

殷比干，为纣少师。见纣淫泆(yì)[①]，叹曰："主暴不谏，非忠也；畏死不言，非勇也。过则谏，不用则死，忠之至也。君有过而不以死争，则百姓何辜？"乃强谏。纣怒曰："吾闻圣人之心有七窍。"遂剖而视之。武王伐纣，封比干之墓。

【注释】

①泆：放纵，同"溢"。

【译文】

商朝时有个大臣叫比干，在朝廷做少师。看见纣王荒淫放纵，叹气着说："皇上暴虐而不劝谏，那就是不忠诚了；怕死而不敢说话，那就是不勇敢了。皇上有过失，就去劝谏；不采用我劝谏的话，那么我就去死，这才是忠到极点的。皇上有了过失，做臣子的不用死去力争，那么百姓有什么过错呢?”于是，他就到纣王那儿去强谏。纣王生气地说：“我听说圣人的心有七个窍。”说完就让人把比干的肚子剖开来看。后来周武王带领了诸侯讨伐纣王，灭了殷朝，为比干造了一座坟墓。

纪信代死

纪信诳[1]楚　假作汉王　易服代死　救主荥(xíng)阳

【原文】

汉纪信，事汉王为将军。项羽攻荥阳急，汉王不能脱。信乃自请与汉王易服，乘汉王车，黄屋左纛(dào)[2]，出东门以诳楚。汉王乘间出西门而遁。信遂被焚。后立庙于顺庆曰“忠佑”。诰(gào)[3]词云：“以忠殉国，代君任患，实开汉业。”

【注释】

①诳：欺骗，瞒哄。

②纛：古代军队里的大旗。

③诰：古代帝王对臣子的命令。

【译文】

汉朝初起的时候，有一个叫纪信的，在汉王刘邦帐下做将军。楚霸王项羽攻打荥阳城，到了极危急的时候，汉王无法脱身。纪信就请求和汉王换了衣服，坐了汉王的车子，车子里面都用黄色的缯绸做里子，左边竖起了牦牛尾子做的大旗，堂而皇之地出东城门去诳骗楚国。汉王就乘了这个空当儿，扮成一个普通人，从西城门逃走了。纪信因此被抓，让楚国人用火烧死。后来汉王平定了天下，做了汉高祖皇帝，为纪信造了一座庙，叫作忠佑庙。汉高祖下的诰词说：“以忠殉国，代君任患，实开汉业。”

苏武牧羊

苏武持节　啮(niè)[1]雪餐毡　牧羝(dī)[2]海上　一十九年

【原文】

汉苏武,持节送匈奴使归。单于(chán yú)[3]欲降之,武引刀自刺。气绝,半日始息,幽置大窖中。武啮雪与旃(zhān)[4]毛,咽之。旋徙武北海上无人处,使牧羝。羝乳乃得归。武掘野鼠,去草实而食之。居十九年,得还。宣帝赐爵关内侯。

【注释】

①啮:咬。

②羝:公羊。

③单于:匈奴人对部落联盟首领的专称。

④旃:同“毡”。

【译文】

汉朝的时候,有个著名的大忠臣叫苏武,他手持节旄,送匈奴使臣回国。到了匈奴国,单于要他投降,苏武不肯,就拿了刀来自杀,已经背了气,过了半日,才有了呼吸,活了过来。于是,单于把苏武幽囚在大地洞里面,不给他吃的东西,苏武便吃雪和节上的毡毛,吞下肚里去充饥。后来单于又把苏武送到北海边没有人的地方,叫他牧养雄羊,要等到雄羊有了奶乳,才放他回到汉朝,苏武在这里掘野老鼠和收藏的草实吃。这样住了十九年,才得以回到汉朝来。汉宣帝封他为关内侯。

日磾笃慎

日磾(dī)杀子　恶其淫乱　愿副霍光　不使轻汉

【原文】

汉金日磾,本匈奴王子,入汉,为黄门养马。欲纳其女后宫,不肯。上病,属霍光辅少子。光让日磾。磾曰:“臣外国人,使匈奴轻汉。”于是遂为光副。

【译文】

汉朝有个金日磾,本来是匈奴国的王子,到汉朝来,做了个黄门养马的官职。皇上想把金日磾的女儿娶到后宫里去,可是金日磾不肯。后来皇上生了病,嘱咐大臣霍光辅助少子。霍光把这个重大责任让给金日磾。金日磾说:“我是个外国人,假使我担了这个大责任,那么会使匈奴国看轻了汉人,以为汉朝里没有人了。”于是皇上就让金日磾做了霍光的副手。

丙吉护储

丙吉护储　闭门拒使　宣帝登基　不道前事

【原文】

汉丙吉,治巫蛊(gǔ)狱。时宣帝生数月,以皇曾孙坐[①]卫太子事系。吉知无辜,保养之。后诏系狱者无轻重皆杀之。吉闭门拒使曰:“他人无辜死,犹不可,况亲曾孙乎!”使还奏,帝因赦天下。宣帝即位,吉绝口不道前事。

【注释】

①坐:文言虚词,作副词,译为“因为、由于”。

【译文】

汉武帝时候,有个大臣丙吉,审理女巫用邪术咒人这一案子。那时候,宣帝(也就是武帝的曾孙)才生下来只有几个月,就因为卫太子斩江充、发兵造反的事情,也一同关在牢狱里。丙吉知道他是没有罪的,就保护他,养育他。后来武帝下了一道诏旨,凡是关在牢狱里的,不论犯罪轻重,一概杀死。丙吉把前来杀害宣帝的使者关在门外说:“平常百姓家里没有罪的,拿来处死,尚且不可,何况是皇上的亲曾孙!”使者回去奏明了武帝,武帝因此大赦天下。到后来宣帝登上皇位,丙吉闭口不提从前这一事情。

朱云折槛

朱云借剑　请斩佞臣　攀折殿槛(jiàn)[①]　忠直无伦

【原文】

汉朱云，字游，平陵人。成帝时为槐里令。丞相故安昌侯张禹以帝师位特进，甚尊重。朱云上书求见曰："今朝廷大臣上不能匡主，下亡以益民，皆尸位素餐……臣愿赐尚方斩马剑，断佞(nìng)[②]臣一人以厉其余。"上问："谁也？"对曰："安昌侯张禹。"上怒，命斩之，御史将云去。云攀折殿槛，呼曰："臣得从龙逄(páng)[③]、比干游地下，足矣。"上怒回，乃赦之，命勿治槛，以旌(jīng)[④]直臣。

【注释】

①槛：栏杆。

②佞：巧言谄媚。

③龙逄：亦作"龙逢"，即关龙逄。夏之贤人，因谏而被桀所杀，后用为忠臣之代称。

④旌：表扬。

【译文】

汉朝有位大臣，姓朱名云，字游，是平陵地方的人。西汉成帝时，朱云做槐里县的县官。大臣张禹因为做过成帝的老师，被任用为丞相，并封安昌侯，张禹利用权势，处处为自己牟取私利。朱云便上书请求朝见说："当今朝中许多大臣，对上不能辅佐陛下，对下不能为百姓造福，只知领取国家俸禄，还要欺压百姓。请陛下赐给我一把尚方宝剑，斩杀一个大奸臣，以警诫其他的官员。"成帝问道："谁是奸臣？"朱云道："就是安昌侯张禹！"皇上听后大怒，命御史推朱云下殿，要斩朱云。朱云攀住了殿上的栏杆，大叫着说："我能够跟着关龙逢、比干在地下同游，心里也很满意了。"竟然把殿上的栏杆折断了。皇上听后感到震惊，怒气也稍微消了些，就把朱云赦免了，并且叫人不要修理这个攀断的栏杆，以便表彰忠臣冒死直谏的精神。

虞孙诲忠

虞潭之母　命子舍生　又遣孙楚　忠孝从征

【原文】

晋虞潭母孙氏，守节抚潭。潭为南康守，率众讨杜弢(tāo)。母勉以忠义，倾资产以飨(xiǎng)[①]战士。后征苏峻，母戒之曰："吾闻忠臣出孝子之门。汝当舍生取义，勿以吾老为累。"尽发家僮助战，售服饰为军资。又遣孙楚从征，务尽忠孝。潭后以功封侯，母九十五始卒，谥[②](shì)曰"定夫人"。

【注释】

①飨：用酒食招待客人，泛指请人受用。

②谥：古代帝王或大官死后评给的称号

【译文】

晋朝虞潭的母亲孙氏，守寡后没有再嫁人，独自抚养他成人。虞潭在南康地方做官，带兵去讨伐杜弢。孙氏勉励他必定要尽忠尽义，同时还把全部的财产充作战士的慰劳费。后来虞潭又出兵去征伐苏峻，孙氏再次教诫他说："我听说有一句古话：忠臣出自孝子之门。你出去以后，应当舍了生命，取了大义。不要因为我年纪老了，连累了你的报国忠心。"说完，就把所有的家僮尽数出发去助战，卖了衣服首饰去做兵费。同时还差她的孙儿虞楚也去跟着参战，务必要尽忠尽孝。后来虞潭因为功高，封了侯爵。孙氏活到95岁才死。朝廷赐她谥号为"定夫人"。

嵇绍卫帝

嵇(jī)绍卫帝　独力依依　飞箭雨集　血溅御衣

【原文】

晋嵇绍，字延祖，康之子也。事母孝。累官至侍中。会河间成都二王举兵。绍从惠帝与王战于荡阴，大败，百官皆奔，侍卫尽散。惟绍独以身捍卫。飞箭雨集，死之，血溅御衣。事定，左右欲浣衣，帝曰：“此嵇侍中血，勿浣(huàn)[①]。”

【注释】

①浣：洗。

【译文】

晋朝人嵇绍，字延祖，为嵇康之子。他十分孝顺母亲，做官一直做到了侍中。恰逢河间王和成都王起兵造反。嵇绍跟随惠帝在荡阴地方打仗，惠帝吃了败仗，所有跟随的百官，都奔逃了，卫士们也都散尽了。只有嵇绍独自用自己的身子卫护惠帝。这时，无数飞箭，从四面八方射了过来，嵇绍护在惠帝的身上，用身体挡住了雨一般的流箭，他的血溅到了皇帝的衣服里。等到这场乱事平定了以后，左右侍从看到皇上的衣服，溅满了无数的血迹，就准备拿去洗，但是被惠帝拒绝了。惠帝说道：“这是嵇侍中的血，不要洗！”语不成声，至为悲切。

朱韩新城

朱母韩氏　登城履行　西北未固　率婢筑城

【原文】

晋朱序为梁州刺史。守襄阳，秦苻(fú)坚兵入寇。朱序之母韩老夫人，自登城履行。至西北隅(yú)[①]，以为不固，率百余婢及城中女子，于其角斜筑城二十余丈。秦兵至，围城，序固守。秦粮将尽，急攻之。西北角果溃，众即坚守新城，秦兵遂引退。襄阳人因名新城曰“夫人城”。

【注释】

①隅:角落。

【译文】

东晋有一个叫朱序的人,是梁州刺史。在他镇守襄阳城的时候,前秦苻坚带兵攻来,朱序的母亲韩老夫人亲自走上城头去视察,看到西北角的防御工程,认为不够坚固,就带了一百多个丫鬟和襄阳城里的妇女们,在斜角里面另外造了一座二十几丈的新城墙。后来秦国的兵队围困了襄阳城,朱序很坚强地守着,前秦军队的粮草快用完了,就赶紧拼力攻打,西北角的旧城墙果然塌了,朱序的军队就移防坚守着新城,前秦的军队于是就退回去了。襄阳人因为这个缘故,就把这座新城叫"夫人城"。

敬德瘢痍(bān yí)①

敬德忠主　赠金固辞　人言其反　解衣示痍

【原文】

唐尉迟(yù chí)恭,字敬德。事秦王时,隐太子以书招之,赠金皿一车。固辞,秦王称其心如山岳,非金所能移。后谓恭曰:"人言卿反,何也?"对曰:"臣从陛下百战定天下,何反为?"遂解衣投地,出示瘢痍。上流涕抚之。

【注释】

①瘢痍:伤痕。

【译文】

唐朝时候,有一个大将尉迟恭,字敬德。当初他在秦王李世民部下,隐太子写了一封信去叫他,并且送了他一车的金器。尉迟恭坚辞不受,秦王称赞他的心好像山岳一样,不是金子可以移得动的。后来秦王做了皇帝,就是唐太宗。有人在太宗面前说尉迟恭的坏话,太宗就对尉迟恭说:"别人家说你造反,这是为什么呢?"尉迟恭回答道:"我跟皇上历经了无数次的战斗才定了天下,又为什么要反呢?”说完,就把衣服解了,抛在地上,把身上的伤疤给太宗看。太宗感动得涕嘘不已。

长孙规谏

长孙皇后　规谏良佐　国有直臣　为君庆贺

【原文】

唐太宗后长孙氏,商榷(què)[1]献替,每尽规谏。太宗或以非罪谴怒宫人,后亦佯(yáng)[2]怒,请自推鞫(jū)[3]。俟(sì)[4]上怒息,徐为申理。尝在上前,称魏征为正直社稷之臣,并朝服立庭,贺太宗之容直言。病革,与帝诀,犹谆谆以国政为辞。后崩,太宗哭之恸(tòng)[5],曰:“此后入宫,不闻规谏,失良佐矣。”

【注释】

①榷:商讨。

②佯:假装。

③鞫:审问犯人。

④俟:等待。

⑤恸:极悲哀,大哭。

【译文】

唐太宗李世民的皇后长孙氏,对于朝中大小事情,无不尽力规谏太宗。有时候太宗发怒,以不恰当的罪名责罚宫人,长孙皇后也必定假装着发怒,请求太宗交给她去审讯发落。但是一等到皇上怒气平息,就慢慢地替冤枉的人设法伸冤。有一次,长孙皇后在太宗的面前称赞魏征是一个光明正直、保护社稷的臣子,同时还穿了朝服,立在庭前,恭贺太宗能够受得住直言。后来长孙皇后病危,将要永别于世,她很诚恳地对太宗说了许多有关国家政事的话。太宗哭得很悲哀,并且说:“从今以后,后宫里再也听不到规谏了,我失去了一个最好的帮手啊!”

真卿劲节

真卿讨贼　倡义誓师　惟知守节　希烈谢之

【原文】

唐颜真卿，为平原太守。禄山反，真卿独倡义讨之。玄宗方叹河北无忠臣。闻之曰："朕不识真卿作何状，乃能如是！"李希烈反，诏使劝喻。希烈欲降之，真卿叱(chì)[①]曰："汝知吾兄杲(gǎo)卿骂贼而死乎？吾惟守节！"希烈谢之。

【注释】

①叱：大声呵斥。

【译文】

唐朝颜真卿在平原郡当太守的时候，安禄山起兵叛变，真卿首倡义兵声讨之。唐玄宗听闻安禄山造反，感到十分痛心，叹息河北都没有忠臣。得知颜真卿的义行之后，玄宗非常地感慨："朕连真卿是何模样都不清楚，他竟能如此忠义。"后悔因为一时失察，听信了杨国忠的谗言，而将他贬官到平原。玄宗说："朕没有眼力看清颜真卿是怎样的人，想不到他是这样一位忠心耿耿的义士！"后来李希烈又造起反来，皇帝就下诏叫颜真卿去劝谕李希烈。李希烈要颜真卿投降他，颜真卿就大声叱责李希烈："你晓得我的哥哥颜杲卿骂贼骂到死的事情吗？颜家的子弟只知道要守节，就是牺牲生命也决不变节，我怎么可能接受你们的利诱！"李希烈听了这一番话，就向颜真卿谢罪。

李绛善谏

李绛(jiàng)直谏　以尽忠忱　屡触帝怒　卒启君心

【原文】

唐李绛，善谏。上欲罪白居易，绛曰："陛下容纳直言，故群臣敢谏。居易志在纳忠，今罪之，恐天下箝(qián)[①]口矣。"上悦而止。上尝责绛言太过，绛泣曰："臣畏左右，爱身不言，是负陛下；言而陛下恶闻，乃陛下负臣也。"上怒解。

【注释】

①箝：同"钳"。

【译文】

唐朝大臣李绛十分善于劝谏。有一次，白居易劝谏皇上要容纳群言，皇上听后不高兴，要治他的罪。李绛说："皇上能够容纳正直的话，所以臣子们才敢尽心劝谏。白居易的本意是贡献他自己的忠诚，现在皇上倘把他办了罪名，恐怕天下的人以后都不敢讲话了。"皇上听到李绛说此话，很难看的脸色转变过来了，就打消了这个念头。又一次，皇帝责备李绛说话太过分，李绛就流着眼泪说道："我因为怕您左右的人每一个人都爱着自己，而不敢说真话，这是辜负了殿下，对不起天下人，更对不起皇上啊！如果臣子跟你说的话你不爱听，皇上就辜负了臣子的一片忠心。"皇帝听了这一番话，怒气就消了。

王旦荐贤

王旦为相 荐举至公 寇准数短 反称其忠

【原文】

宋王旦，为相。寇准数短旦，旦专称准。上曰："卿称其美，彼专谈卿恶！"旦曰："臣在相位久，阙(quē)[①]失必多，准无隐，益见忠直。"准私求为相，旦曰："将相之任，岂可求耶？"准深憾之。及除节度使，同平章事。上具道旦所荐。准愧叹。

【注释】

①阙：过错。

【译文】

宋朝时候，王旦做宰相。当时朝廷还有一位大臣——寇准，刚直忠正，也是皇帝身边的左右手。但寇准见王旦官职在自己之上，心里有点不服气，感到自己屈才。寇准在皇上面前好几次说王旦的坏话，王旦却专门称赞寇准的好处。皇上说："你称赞他好，可他却专说你的不好！"王旦说："我在宰相的任上很长时间了，缺点和过失必定很多，寇准没有隐瞒讲了出来，更可见他的忠诚正直了。"有一次，寇准私下来找王旦，希望他能向皇上推荐自己当宰相。王旦说："将相的大任，难道可以自己请求吗？"寇准听到王旦这样回答，感到非常生气，同时也担心自己或许再也无法当上相位了。后来寇准升了节度使，并且做了宰相。皇上就对他说这是王旦推荐的。寇准很惭愧，叹息了很久。

刘母教诤(zhèng)①

刘安世母　训子捐身　谏官尽职　天子诤臣

【原文】

宋刘安世，初除谏官，白母曰："朝廷不以儿不肖，使居言路。如有触忤(wǔ)②，祸谴立至。若以母老辞，当可免。"母曰："不然。吾闻谏官为天子诤臣，汝幸居此职，当捐身以报国恩。使得罪流放，无问远近，吾当从汝所之。"安世受命。正色立朝，面折廷争，人目之为殿上虎。

【注释】

①诤：谏，照直说出人的过错，叫人改正。

②忤：逆，不顺从。

【译文】

宋朝有一个刘安世，当初朝廷里任命他做谏官，还没有接任以前，去禀告他的母亲说："现在朝廷不认为我没有才能，命我做谏官的要职。不过这是不容易的事，倘若触犯了当朝大臣，或者违背了他们的意见，那么灾祸是立刻来的；倘若说是母亲年老了，以此推辞，必定可以避免的。"他的母亲就对他说："不是这样。我晓得谏官是皇帝身边直言的臣子，你幸得升了这个职位，理应全身心地报答国家的恩典。假如以后得了什么罪，被流放了，无论远近，我总是跟你同去的。”刘安世受了母亲的命令，就出去接任，铁面无私地在朝上直言极谏，别人看他像殿上的老虎一样。

岳飞报国

岳飞兵寡　善破众军　尽忠报国　盖世功勋

【原文】

宋岳飞，善以少击众。朱仙镇之役，以五百人，破金兀术(wù zhú)众十余万。秦桧(huì)与兀术通。矫(jiǎo)[①]诏召飞父子下狱，令中丞何铸推鞫。飞裂裳示铸，背涅[②]“尽忠报国”四字。铸以白桧，桧改命万俟觇(chān)复鞫，竟以“莫须有”三字定案。

【注释】

①矫：假托。

②涅：在身上刺字涂墨。

【译文】

宋朝有一个忠臣名叫岳飞，用兵善于以少胜多。在朱仙镇的这一战，岳飞只用500人，就击溃了金兀术10多万人。后来秦桧和金兀术私通，假造诏书把岳飞父子召回来，关在大牢里，叫中丞何铸去审讯。岳飞脱下上衣给何铸看，背上刺着“尽忠报国”四字。何铸把这一情况对秦桧说了，秦桧又改换万俟觇去复讯，竟用“莫须有”三个字结了案，把岳飞父子害死了。

铁铉(xuàn)背立

铁铉背立　不朝燕王　死生如一　寸磔何妨

【原文】

明铁铉[①]，官山东参政，屡破燕军。燕王篡位，执铉至京师。陛见，背立廷中，正言不屈。割其耳鼻，终不顾。爇(ruò)其肉，纳铉口，令啖(dàn)[②]之，问曰“甘否”。铉厉声曰：“忠臣孝子之肉，有何不甘!"遂寸磔(zhé)[③]之。临死,犹骂不绝口。

【注释】

①爇:烧。

②啖:吃或给人吃。

③磔:古代一种酷刑,把肢体分裂。

【译文】

明朝时有一个人叫铁铉,在山东做参政官。靖难兵起,铁铉屡次把燕军打败。后来燕王篡了皇帝位子,把铁铉捉到京师。送到殿上去见皇帝的时候,铁铉背着身子立在那里,正色地讲着话,不肯屈服。燕王叫人把他的两只耳朵和一个鼻子割了,铁铉还是没有回头。燕王又把他身上的肉割下来,放在火里煮熟了,放到铁铉的口里叫他吃,还问他"甜不甜"。铁铉大声答道:"忠臣孝子的肉,怎么不甜!"最后,燕王竟对铁铉施以寸磔的酷刑。铁铉临死的时候,仍然骂不绝口。

周母含笑

周遇吉母　勉子忠君　登屋射贼　矢尽自焚

【原文】

明周遇吉母早寡。李自成反,遇吉总镇代州,兵少食尽,救援不至。乃跪母前痛哭。母曰:"此何如时,尔尚归家作楚囚泣耶!"遇吉曰:"儿稍刻即舍身报国,惟母难舍。"母怒曰:"尔为忠臣,吾得为忠臣母,流芳千古,含笑见尔父于地下矣。"麾(huī)[①]使出。城陷,遇吉巷战死,母自焚。

【注释】

①麾:指挥。

【译文】

明朝周遇吉的母亲早年守寡。李自成造反时,周遇吉镇守代州,兵丁很少,粮饷用尽,救兵又没有到。他就跪在母亲面前痛哭。母亲对他说："这是什么时候了，你还回家痛哭！"周遇吉说："我等一会儿就要舍身报国了，只是舍不得母亲。"他的母亲就发了怒，说："你做了忠臣，我就会成为忠臣的母亲，永远传流好名声，也可以在地底下含笑见你的父亲了。"摆手叫他出去。后来代州城果然陷落，周遇吉巷战而死，他的母亲也自焚死了。

第七章 孝

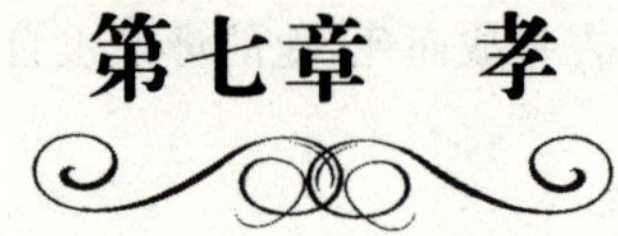

万善求根本，
从来孝最先。
良知心上地，
顺德性中天。
养志能为子，
通神即是仙。
亲亲推爱物，
反哺为鸦怜。

经典格言

1. 孝有三，大孝尊亲，其次弗辱，其下能养。

【出处】《礼记》。

【大意】孝有三点，大孝是尊重父母，其次是不使自己的言行给父母带来耻辱，再次是能养活父母。

2. 今之孝者，是谓能养。至于犬马，皆能有养。不敬，何以别乎？

【出处】《论语·为政第二》。

【大意】当今的孝子，只是说能够供养父母就行了。就是狗马，都能得到饲养。若对父母不恭敬，那供养父母和饲养狗马有什么区别呢？

3. 父母之年，不可不知也。一则以喜，一则以惧。

【出处】《论语·里仁第四》。

【大意】父母的年龄，不可以不知道。一方面为他们长寿而高兴，一方面为他们衰老而担忧。

4. 要知亲恩，看你儿郎；要求子顺，先孝爹娘。

【出处】《四言》。

【大意】养育自己的子女才能了解父母的养育之恩，要求子女孝顺你，首先自己就要孝顺父母。

5. 要问如何把亲孝，孝亲不止在吃穿；孝亲不教亲生气，爱亲敬亲孝乃全。

【出处】《劝报亲恩篇》。

【大意】如何孝敬父母，孝敬父母不只是给他们吃饱穿暖，孝敬父母还不要叫父母生气，热爱、尊敬父母才是全孝。

6. 羊有跪乳之恩，鸦有反哺之义。

【出处】《增广贤文》。

【大意】小羊跪着吃奶。小乌鸦能反过来喂养老乌鸦。以报答父母的养育之恩。

7. 出入扶持须谨慎，朝夕伺候莫厌烦。

【出处】《劝报亲恩篇》。

【大意】父母出入(门)要小心搀扶，早晚伺候父母不要厌烦。

8. 父母呼，应勿缓；父母命，行勿懒。

【出处】《弟子规》。

【大意】父母呼唤，要赶快答应；父母有命令，应赶快去做。

9. 亲所好，力为具；亲所恶，谨为去。

【出处】《弟子规》。

【大意】父母喜好的东西，子女要尽力为他们准备；父母厌恶的东西，要谨慎地为他们去掉。

10. 身有伤，贻亲忧；德有伤，贻亲羞。

【出处】《弟子规》。

【大意】身上受伤，父母忧虑；道德败坏，父母蒙羞。

11. 亲爱我，孝何难；亲恶我，孝方贤。

【出处】《弟子规》。

【大意】父母疼爱我，做到孝有什么困难呢；父母讨厌我，仍尽孝，才为贤德。

12. 亲有过，谏使更。恬吾色，柔吾声。

【出处】《弟子规》。

【大意】父母有过错，劝他们更改。要面带笑容，语调柔和。

经典故事

虞舜耕田

虞舜大孝　竭力于田　象鸟相助　孝感动天

【原文】

虞舜，姓姚名重华。父瞽瞍(gǔ sǒu)顽，母握登贤而早丧。后母嚚(yín)[①]，弟象傲，常谋害舜。舜孺慕号泣，如穷人之无所归，负罪引慝(tè)[②]，孝感动天。尝耕于历山，象为之耕，鸟为之耘。帝尧闻之，妻以二女，历试诸艰。天下大治，因禅焉。

【注释】

①嚚：口不说忠信之言。

②慝：奸邪，邪恶。

【译文】

虞舜，姓姚，名重华，号有虞氏。他的生母握登很贤德，可是早亡。他的父亲叫瞽瞍，没有知识，又喜欢妄作妄为；他的后母口里是不说忠信言语的；他的弟弟象，性子很傲慢，他们常常设计谋害舜。舜像孩子般的呼号哭泣，同穷苦的人没有归处一样，并且以为父亲、母亲、弟弟的种种行为，都是自己的侍奉不得法，所以才不能够得到他们的喜欢。舜的孝顺行为，终于感动了上天。有一次，在历山一带耕田，大象帮着他耕地，飞鸟帮着他除草。帝尧听说舜非常孝顺，有处理政事的才干，就把两个女儿嫁给他，并屡次用艰难的事情，去试验舜。经过多年观察和考验，选定舜做他的继承人。舜登天子位后，去看望父亲，仍然恭恭敬敬，并封象为诸侯。

仲由负米

子路尽力　负米奉亲　亲没仕楚　叹不及贫

【原文】

周仲由，字子路。家贫，常食藜藿(lí huò)[①]之食，为亲负米百里之外。亲没，南游于楚。从车百乘，积粟万钟，累茵[②]而坐，列鼎而食。乃叹曰："虽欲食藜藿，为亲负米，不可得也。"孔子曰："由也事亲，可谓生事尽力，死事尽思者也。"

【注释】

①藜藿：泛指粗劣的饭菜。

②茵：指褥垫、毯子之类

【译文】

周朝仲由，字子路，春秋时期鲁国人，是孔子的得意弟子，性格直率勇敢，十分孝顺。早年他的家中十分穷苦，天天所吃的都是粗劣的饭食，却因为奉养爹娘的缘故，常常到百里以外背米回来给爹娘吃。等到爹娘都去世了以后，他就往南方游历。游到楚国，楚王聘他做了官。他跟随的车骑有 100 多辆，他积聚的谷米有一万多钟。坐的时候，茵褥重叠；吃的时候，鼎食满前。他就叹气着说："我现在虽然富贵，但是要想再像从前一样吃着藜藿的蔬菜，仍旧到百里以外去背米来养爹娘，这是不可能的了。"孔子说道："仲由侍奉爹娘，可以说是活着尽了力，死了尽着追思的了。"

闵损芦衣

孝哉闵子　衣芦御车　感父救母　千古令誉

【原文】

周闵损，字子骞。早丧母，父娶后妻，生二子。母恶损，所生子衣绵絮，而衣损以芦花。父令损御车，体寒失靷(yǐn)[①]，父察知之，欲逐后妻。损启父曰："母在一子寒，母去三子单。"父善其言而止。母亦感悔，视损如己子。

【注释】

①靷：引车前进的皮带。

【译文】

周朝闵损，字子骞。他的母亲，早已去世。父亲娶了一个后妻，生了两个儿子。后母很厌恶闵损，经常虐待他，冬天的时候，给自己亲生的两个儿子穿棉絮做的衣裳，给闵损穿的衣裳里面却是装着芦花的。有一次，他的父亲叫闵损推车子外出，可是因为衣裳单薄，身体寒冷，一不小心失掉了车上驾马引轴的皮带子，遭到父亲的斥责和鞭打，芦花随着打破的衣缝飞了出来，父亲方知闵损受到虐待，便要回家赶走那个后妻。闵损却对父亲说："母亲在此，无非我一个儿子受着寒冷，倘若母亲去了，可怜三个儿子都要受着孤单了。"他的父亲觉得闵损的说话有道理，也就罢了。他的后母从此也悔悟了，以后看待闵损就像自己亲生的儿子一样。

曾参(shēn)养志[1]

曾子养志　请与有余　母啮其指　负薪归庐

【原文】

周曾参,字子舆(yú)。善养父志。每食,必有酒肉。将彻,必请所与。父嗜羊枣,既没,参不忍食。过胜母,避其名,不入。学于孔子,而传孝经。

【注释】

①养志:养父母的志向。

【译文】

周朝曾参,字子舆。他奉养爹娘十分孝顺,尤其是他顺承亲意、养父母之志的孝行,成为后世普遍赞美和效仿的典范。每逢吃饭时,必定有酒有肉。吃完饭一定问过父亲,余下来的酒肉送给哪个。父亲生平喜欢吃羊枣子,后来父亲死了,他就终身不吃羊枣子了。后来曾参走过胜母,觉得此地名称不好,就不肯进去。曾参在孔夫子门下受教,最终写成了《孝经》。

老莱斑衣

老莱七十　戏彩娱亲　作婴儿状　烂漫天真

【原文】

周老莱子,姓莱,佚(yì)[1]其名,楚人。至孝,奉二亲极其甘脆。行年七十,言不称老。尝着五彩斑斓之衣,为婴儿状,戏舞于亲侧。并在双亲前弄雏[2],欲亲之喜。又尝取水上堂,诈[3]跌卧地作婴儿啼,以娱亲意。

【注释】

①佚:散失。

②雏:小鸟。

③诈:假装。

【译文】

周朝老莱子，他姓莱，只晓得是楚国人。生性非常孝顺，尽拣美味供奉双亲。最难得的是他自己已经到了 70 岁，但是平常所说的话中，没有一句说自己老的，正合着《礼记》里“父母在，恒言不称老”那句话了。他又常常穿着五彩斑斓的衣裳，手持拨浪鼓如小孩子般戏耍，以博父母开怀。又在双亲面前戏弄小鸟，做出孩儿顽耍的样子来博得爹娘的欢喜。一次为双亲送水，进屋时跌了一跤，他怕父母伤心，索性躺在地上学小孩子哭，他的父母这时候忍不住哈哈大笑，快活极了。

郯(tán)子鹿乳

郯子亲老　双目皆瞽　人鹿群中　为取鹿乳

【原文】

周郯子，鲁人，史佚其名。天性至孝，父母年老，俱患双目，思食鹿乳而不得。郯子顺承亲意，乃衣鹿皮，去之深山中，入鹿群之内，取鹿乳以供亲。猎者见而欲射之，郯子具以情[①]告，乃得免。

【注释】

①情：实际情况。

【译文】

周朝郯子，鲁国人。他非常孝顺，父母年纪老了，两个人的眼睛都有些病，需饮鹿乳疗治，可是一时办不到。郯子于是穿着鹿皮的衣服，扮着鹿走到深山里，夹在群鹿的里面，挤取鹿乳，供奉双亲。一次取乳时，看见猎人正要射杀一只麂鹿，郯子急忙掀起鹿皮现身走出，将挤取鹿乳为双亲医病的实情告知猎人，猎人敬他孝顺，以鹿乳相赠，护送他出山。

汉文尝药

汉孝文帝　母病在床　三载侍疾　汤药亲尝

【原文】

汉文帝,姓刘,名恒,高祖第三子也。初封于外为代王,生母薄太后,帝朝夕奉养无倦怠。太后病三年之久,帝侍疾,目不交睫,衣不解带,所用汤药,必先亲尝之而后进,仁孝之名闻于天下。

【译文】

汉朝文帝,姓刘名恒,是汉高祖刘邦的第三个儿子。他没有做皇帝的时候,高祖封他在代州地方,所以又叫代王。他的母亲是薄姬,后来称薄太后。文帝的天性是很孝顺的,日夜奉养母亲,从来没有懒惰的意思。薄太后曾经卧病三年,文帝服侍母后,总是看护得很周到。夜间睡的时候,眼睛也没有闭好,衣带并没有解开过;所煎的汤药,必定先要自己亲自尝过了,才进到薄太后面前,叫母后吃。因为他有了这样情形,所以仁孝的名声就传遍了天下。

江革负母

江革避难　负母保身　乱平贫苦　行佣供亲

【原文】

汉江革,字次翁。少失父,独与母居。遭世乱,负母逃难。数遇贼,欲劫去。革辄(zhé)[①]泣告有老母在,贼不忍杀。转客下邳(pī),贫穷裸跣(xiǎn)[②],行佣以供母。凡母便身之物,未尝稍缺。母终,哀泣庐墓,寝不除服。后举孝廉,迁谏议大夫。

【注释】

①辄:总是,就。

②跣:光着脚,不穿鞋袜。

【译文】

汉朝江革,字次翁。从小就没有了父亲,单单剩着他和母亲同住。那时候天下不太平,盗贼很多,江革就背了母亲逃难。在路上,多次碰着作乱的盗贼,要把江革掳去,一同去做盗贼。江革总是流着两行眼泪哭诉着说："我有老母在这里，要人供养，我怎么可以和你们一同去呢？"强盗听到这话，就发了善心，也不忍杀他了。后来江革流徙下邳，替人家做工，赚钱来供养母亲。他自己穷得连衣裳鞋子也不完全了，但凡是母亲身边要使用的东西，没有缺少一点。后来母亲死了，他哭得很悲哀，住在母亲坟旁，睡时也不除去丧服。后来就有人推举他做了孝廉，最后升到谏议大夫。

蔡顺拾椹(shèn)①

蔡顺丧父　世乱岁荒　拾椹奉母　赤黑分筐

【原文】

汉蔡顺，少孤，事母孝。遭王莽乱，拾桑椹，盛以异器。赤眉贼问其故。顺曰："黑者奉母，赤者自食。"贼悯之，赠牛米，不受。母生平畏雷，每雷震，顺必圜(huán)②冢泣呼。

【注释】

①椹：桑树结的果实，同"葚"。

②圜：围绕。

【译文】

汉朝蔡顺，从小就没有了父亲，他服侍母亲非常孝顺。那时候正逢着王莽的变乱，兵荒马乱，柴米昂贵，只得拾桑葚充饥。一天，巧遇赤眉军，义军士兵厉声问道："为什么把红色的桑葚和黑色的桑葚分开装在两个篓子里？"蔡顺回答说："黑色的桑葚供老母食用，红色的桑葚留给自己吃。"赤眉军听了，很赞赏他的孝顺，就送他牛蹄和白米，以示敬意，蔡顺不肯接受。他又因为母亲生平最怕天雷的声音，所以每逢着有雷声的时候，蔡顺必定绕着坟，哭着喊着说："儿子在这里，母亲不要害怕。"

黄香温席

黄香九岁 母丧父存 温衾(qīn)[①]扇枕 奉侍晨昏

【原文】

汉黄香，字文强，江夏人。年九岁丧母，哀毁逾礼，乡人称其孝。家贫，躬执勤苦，事父尽孝。夏天暑热，扇凉其枕簟(diàn)[②]；冬日寒冷，以身温其被席。父疾，侍奉尤极其诚。太守刘护表而异之。后举孝廉，官至尚书令。

【注释】

①衾：被子。

②簟：竹席。

【译文】

汉朝黄香，字文强，是江夏人。他才9岁的时候，便死掉了母亲，黄香哀毁过礼，乡里的人没有一个不称赞他孝顺的。他的家里很穷，黄香自己勤劳艰苦，一心服侍他的父亲，尽他的子职。到了夏天的时候，天气很热，黄香就用扇子去扇凉父亲所睡的枕席；到了冬天的时候，天气很冷，黄香就用自己身子去温暖父亲的床铺；父亲有了疾病，黄香侍奉得格外诚心。当时江夏的知府叫作刘护，听到有这样的孩子，非常赞赏他的孝顺，便替他表奏上去，请朝廷嘉奖他的孝行。后来黄香被推举做了孝廉，官做到尚书令。

董永卖身

董永家贫 卖身葬亲 天遣仙女 织缣完缗

【原文】

汉董永，性至孝。家贫，父死，卖身贷钱而葬。及往偿工，途遇一妇，求为永妻。同至主家，令织缣(jiān)[①]三百匹(pǐ)[②]，乃回一月完成。主大惊，听永归。至槐阴会所，妇辞永曰："吾织女也，天帝感君之孝，令我相助耳。"言讫(qì)[③]，凌空而去。

【注释】

①缣:双丝的细绢。

②疋:同“匹”。

③讫:完结,终了。

【译文】

东汉时期的董永,天性非常孝顺。家里很穷苦,他的父亲死了,没有钱筹办丧葬。董永就卖身至一富家为奴,换取丧葬费用。等到葬了父亲以后,便去富家偿还卖身钱。走到路上,忽然遇到一个女子,说自己情愿和董永结为夫妻。便一同到了债主家里去做工。债主吩咐他织本色的重绢,满了300匹,抵过卖身的钱,方才准他回家。而董永得了女子的帮助,一个月工夫就织完了。债主非常奇怪,就准董永回去。到了那槐树下,就是从前和女子相会的地方,女子就辞别了董永说道:“我就是天上的织女。天帝为你的孝顺所感动,所以叫我来帮助你的。”说完话,就腾上天空去了。

陆绩怀橘

陆绩六岁　作客归来　母性所爱　怀橘三枚

【原文】

汉陆绩,字公纪,吴郡人。其父康,曾为庐江太守,与袁术交好。绩六岁时,于九江见术,术出橘待之。绩怀其三枚,及归拜辞,橘堕地。术笑曰:“陆郎作宾客而怀橘乎?”绩跪答曰:“吾母性之所爱,欲归以遗母。”术大奇之。

【译文】

汉朝陆绩,字公纪,是吴郡地方的人。他的父亲陆康,曾经做过庐江的知府,和袁术很要好。陆绩六岁的时候,随父亲到九江谒见袁术,袁术拿出橘子来给陆绩吃。陆绩暗地里把三个橘子装在袖子里,等到告别的时候,就向着袁术拜谢了一回。不料这三个橘子从袖子里跌到地上。袁术笑着说："陆郎呀，你来做了小客人，竟暗地里藏了主人的橘子，不怕他人笑你偷橘子吗？"陆绩便双膝跪在地上回答道："我母亲很喜欢吃橘子，因为这个缘故，所以想起带几个回去，给母亲吃。"袁术见他小小年纪就懂得孝顺母亲，十分惊奇。

寿昌弃官

寿昌离母　历五十年　弃官寻觅　骨肉团圆

【原文】

宋朱寿昌，年七岁，生母刘氏，为嫡母所妒，出嫁。母子不相见者五十年，寿昌屡求不获。神宗朝，弃官入秦，与家人诀，誓不见母不复还。行至同州得之，母年七十余。寿昌乃迎归，并迎其同母弟妹共居焉。

【译文】

朱寿昌是宋朝时的人，他 7 岁的时候，他的生母因为被嫡母嫉妒，被赶出家门另嫁他人。从此寿昌就和生母分离了，足足 50 年不曾见面。朱寿昌屡次访求，可是总寻不着。等到神宗皇帝的时候，朱寿昌已经做了官。因为想念着母亲，便辞掉官职，专程到陕西地方去找。此时朱寿昌的年纪大了，家里人也不放心他，都来劝阻，可是寿昌坚决地对家人说："倘若不能够找寻到母亲，我就发誓，不再回到家里了。"后来日行夜宿，走到了同州地方，停了几天，果然机会凑巧，辗转得知母亲的下落。这个时候，他母亲已经 70 多岁了。朱寿昌欢天喜地地把母亲接了回来，并且又迎接了同母的弟妹，到家里一同居住。

庭坚涤(dí)①秽(huì)②

宋黄庭坚　官居太史　亲涤溺器　不以为耻

【原文】

宋黄庭坚，字鲁直，一字山谷，又号“双井老人”，洪州分宁人也。元佑中，为太史，性至孝。身虽贵显，奉母尽诚。每夕，亲自为母涤秽器，不使婢妾为之，未尝一刻有缺子职。苏东坡叹其诗“独立万物之表”。

【注释】

①涤：洗。

②秽：肮脏。

【译文】

宋朝黄庭坚，字鲁直，别号“山谷”，还有一个别号，叫作“双井老人”，他是洪州分宁县的人。元佑年间，做了太史的官，天性很是孝顺。自己虽然做了大官，显名天下，可是侍奉母亲却极尽诚意。每逢母亲的事务，他必定亲自去做，无论怎么样，总是不怕劳苦。每天晚上，一定要亲自替母亲洗刷便桶。他家里仆役很多，却不叫他们去做，是什么缘故呢？因为服劳奉养，全是做儿子应尽的职分，哪里可以叫他人分了自己的孝顺呢？所以他总没有一刻不尽自己职责的。他又喜欢作诗，并且作得很好。苏东坡称赞黄庭坚的诗说：“独立万物之表。”

第八章　信

信德真诚耳，
前修事不忘。
奉姑生践诺，
期友死临丧。
更约逢车下，
偏能挂剑长。
权奸传徙木，
却不取商鞅。

经典格言

1. 修辞立其诚。

【出处】《周易·乾·文言》。

【大意】言语应该建立在诚信的基础上。

2. 非诚贾不得食于贾，非诚工不得食于工，非诚农不得食于农，非信士不得立于朝。

【出处】《管子·乘马》。

【大意】不论从事贾（商）、工、农、士哪一种行业，都要讲究诚信，否则，就不要以此谋生。

3. 不精不诚，不能动人。

【出处】《庄子·渔父》。

【大意】不真诚就不能打动别人。

4. 失信不立。

【出处】《左传·襄公二十二年》。

【大意】不讲信用就无法立身立国。

5. 轻诺必寡信。

【出处】《老子》第六十三章。

【大意】轻易向别人承诺的人一定很少讲信用。

6. 吾日三省吾身：为人谋而不忠乎？与朋友交而不信乎？传不习乎？

【出处】《论语·学而》。

【大意】我每天都会几次反省自己：为别人做事是不是尽心尽力？与朋友交往时是不是很诚实？有没有温习老师传授的知识？

7. 与朋友交，言而有信。

【出处】《论语·学而》。

【大意】同朋友交往，说话要诚实守信。

8. 人而无信，不知其可也。

【出处】《论语·为政》。

【大意】做人而不讲信用，不知道他怎么可以立身处世。

9. 民无信不立。

【出处】《论语·颜渊》。

【大意】自古以来，失去人民信任的执政者是站不住脚的。

10. 言必信，行必果。

【出处】《论语·子路》。

【大意】说话一定要讲信用，做事一定要有结果。

11. 一诺千金。

【出处】《史记·季布栾布列传》。

【大意】一个承诺抵得上千两黄金。

12. 有所许诺，纤毫必偿；有所期约，时刻不易。

【出处】袁采《袁氏世范·处己》。

【大意】答应给别人的东西，一丝一毫都不能少；与人约好的时间，一时一刻也不能改。

经典故事

定姜戒诬

定姜戒衎(kàn)　神不可诬　子有三罪　奈何告无

【原文】

周卫定公之夫人定姜，生子早死。定公卒，立敬姒(sì)之子衎，是为献公。暴虐而慢，侮定姜，卒见逐。献公出亡至境，使祝宗告亡，且告无罪于庙。定姜曰："不可，无神何告？若有，不可诬也。子有三罪，奈何告无？无告无罪。"

【译文】

周朝卫定公，夫人叫定姜，生了一个儿子，早早死了。后来卫定公死了以后，就立敬姒的儿子衎为国君，就是卫献公。卫献公非常暴虐，并且非常傲慢，经常欺侮定姜，所以被人驱逐了。卫献公出走到了边境上，就差了一个司祝官到卫国宗庙里说献公已经出亡，并且无罪。定姜就说："这是不可以的，如果没有神，那么何必去告？倘若有神，那是不可以欺骗的。你已经有了三种罪名：舍大臣而于小臣谋；蔑视冢卿师保；侮慢先君夫人。怎么可以说没有罪呢？只叫他到国都里去，说他逃亡就是了，不可以到宗庙里去说他没有罪！”

季札挂剑

延陵季子　不负初心　徐君已死　挂剑坟林

【原文】

周吴季札，封于延陵，故号“延陵季子”。聘鲁，过徐，徐君好季子剑，口不敢言。季子心知之，为使上国未献。及反，徐君已死，解剑，挂其冢树而去。从者曰：“徐君已死，尚谁予乎？”季子曰：“始吾已心许之，岂以死背吾心哉？”

【译文】

周朝吴国有一个公子叫季札，因为封在延陵，所以大家称呼他“延陵季子”。他奉了吴国国君的命令访问鲁国，路过徐国时，徐国的国君心里很喜欢延陵季子身上挂着的一口宝剑，可是嘴里不敢说。延陵季子心里也知道，但是为了要出使到别国去，所以不能够献上。等到延陵季子回转来，又路过徐国的时候，徐国的国君已经死了。延陵季子就把这口宝剑解了下来，挂在徐国君主坟头的树枝上。跟随他的人说：“徐国国君已经死了，你把这口剑给谁呢？”延陵季子说道：“以前我的心里，已经答应把这口剑送给徐君了，哪里可以因为徐君死了，而违背我自己的心呢？”于是，延陵季子把宝剑挂在了徐国国君坟墓边的树上就走了。

魏斯冒雨

文侯魏斯　与虞人期　冒雨而往　身自罢之

【原文】

周魏斯，本为晋大夫，威烈王廿三年，命为诸侯，是为魏文。

侯尝与虞人期[1]猎，是日饮酒乐，天雨，文侯将出，左右曰："今日饮酒乐，天又雨，公将焉之？"文侯曰："吾与虞人期猎，虽乐岂可无一会期哉？"乃往，身自罢之。

【注释】

①期：规定的时间。

【译文】

周朝魏斯，本来是晋国的大夫，周朝威烈王二十三年，命他做魏国的诸侯，也就是后来的魏文侯。有一次，魏文侯和职掌苑囿田猎的虞人约下了日期去打猎，到了约定日期的那一天，魏文侯喝酒喝得很高兴，天又下着雨。魏文侯将要出去时，他左右的人说："今天喝酒喝得这么欢乐，天又下着雨，请问国君将要到什么地方去呢？"魏文侯说道："我以前和虞人约下了日期打猎，虽然喝酒喝得很欢乐，但是哪里可以失约呢？"于是，就出去跟虞人打完了猎才回来。

义母践诺

义母诺夫　善视前子　愿杀己儿　以代其死

【原文】

周齐宣王时，有斗死于道者，兄弟二人立其傍，吏讯之，各争为己杀，期(jī)[1]年不决。王使相问其母，母曰："当坐少者。"问何谓，母曰："少者，妾所生也。长者，前妻所生。其父将死，嘱曰善视之，妾曰诺。今背言忘信，是欺死也。"因泣下沾襟，相以告王，王皆赦之，号其母曰"义母"。

【注释】

①期：一周年，一整月。

【译文】

周朝齐国宣王的时候，路上有一个被打死的人，旁边有兄弟两个人立着，官兵就把他们兄弟俩捉住，问他们是哪一个杀的，结果，兄弟俩争着说是自己杀的。就这样过了一年，这桩案件还不能够判决，齐宣王就差丞相去问他们的母亲。母亲说："应当让年龄小的去抵罪。"丞相问原由，这位母亲说："年龄小的是我自己所生的，年龄大的是前妻所生的，他的父亲临死的时候，嘱咐我好好看护他，当时我就答应下来。现在假使叫年龄大的去抵罪，岂不是我不能够守信吗？那便是欺骗了我的丈夫。"说完了这几句话，就眼泪直流，把衣服也弄湿了。丞相看了这种情形，回去告诉齐宣王。宣王听后，就把这两兄弟统统免了罪，并且称他们的母亲为"义母"。

陈妇一诺

汉陈孝妇　夫戍边隅　嘱以养母　一诺不渝

【原文】

汉陈孝妇，淮阳人，年十六而嫁，未有子。有夫当行戍，托妇终养其母，妇应曰诺。夫死不还，妇纺绩养姑不衰。母哀其年少，将嫁之，妇曰："弃托不信，背死不义。"母乃止。终身养姑，姑年八十四而终，卖其田宅以葬之。文帝闻之，诏赐黄金四十斤。

【译文】

汉朝有一个姓陈的女子，是淮阳地方的人，品行贤淑，16岁时就出嫁了，没有生儿子。她的丈夫应征出门从军去的时候，嘱托妻子奉养自己的母亲到老，妻子一口答应。后来她的丈夫死在外面，不能再回来了。女子记得丈夫临行前对她的嘱托，纺纱织布奉养婆婆，一点儿没有懈怠。但是婆婆哀怜她年纪太轻，将要把她另嫁。女子说："抛弃了托付的话，是没有信；违背了已故的丈夫，是没有义。"婆婆见她如此坚定，也不由地痛哭起来，从此也不再叫她改嫁了。她就这样奉养婆婆，婆婆活到84岁才去世。之后，女子又卖了田地房屋来安葬婆婆。汉文帝听说之后，就下了圣旨，赏给她黄金四十斤，以彰显她的信义与孝行。

郭伋(jí)亭候

郭伋归早　止于野亭　候期乃人　不欺童龄

【原文】

汉郭伋，字细侯，茂陵人，为并州守，素结恩德。后行部至西河，童儿数百，各骑竹马，迎拜于道，问使君何日当还，伋计日告之。既还，先一日，伋恐违信，遂止野亭，候[①]期乃入。上以贤良太守称之。

【注释】

①候：等待。

【译文】

汉朝郭伋，字细侯，是茂陵人，在并州做太守，对待百姓们素来广结恩德。后来因为要巡视部下所属地，到西河地方去。一行人行至县城郊外，突然远远望见有几百个小孩骑着竹马，嬉戏而来，及至近旁，小孩列队相迎，稽首跪拜，问郭伋什么日子才可以回来。郭伋就计算了一下，把回来的日子告诉他们。等郭伋回来时，他比从前告诉小孩们预定的日子早了一天，郭伋恐怕失了信，便决定与随行人员暂不入城，在郊外寻得一个山野小亭，歇息起来。等到约定的日期，才走进城里来。光武皇帝称赞他是个贤良太守。

朱晖许堪

朱晖信心　以待知己　张堪既亡　赡其妻子

【原文】

汉朱晖，字文季，蚤孤[①]，有气节。张堪于太学中见之，甚喜，把臂语曰："欲以妻子托。"晖不敢对。及堪亡，妻子贫困，晖自往候[②]视，厚周之。晖子撷问曰："大人不与堪为友，何忽如此？"晖曰："堪尝有知己之言，吾已信于心也。"

【注释】

①蚤孤：蚤，同“早”。早年丧父。

②候：看望。

【译文】

在汉代有位读书人叫朱晖，朱晖当初在太学里读书，有个同学叫张堪，他们两个也没什么交流。但是张堪时时都在观察朱晖，觉得他很有德行，人品很好。有一天跟朱晖说：“我观察了你很久，你是个好人，所以我想把我的妻儿托付给你。”朱晖一听，很惶恐，觉得责任重大，所以没有回话。没过多久张堪就去世了，朱晖马上拿着一些生活用品和钱，送给张堪的妻儿。朱晖的儿子对他的父亲说：“父亲，我就不知道您有这个朋友，您又没有跟他交往过。”朱晖说：“这位朋友曾经说过要把家人托付给我，那代表他对我十分信任，他已经把我当作他最好的朋友，所以我也把他当朋友看。”

卓恕辞恪(kè)

卓恕辞恪　某日复来　届期果至　樽酒相陪

【原文】

吴卓恕，尝还会稽，辞太傅诸葛恪。恪问：“何日复来？”恕言某日。至日，恪为主人，停不饮食，欲以须[①]恕。宾客咸曰：“会稽建康，相去千里，道阻江湖，风波难期。”俄而恕至，一座皆惊。宾主酬酢(zuò)[②]，尽欢而散。

【注释】

①须：等待，停留。

②酬酢：宾主互相敬酒。

【译文】

三国时候，吴国有一个叫卓恕的人。有一次，他要回会稽，到太傅诸葛恪面前辞行。诸葛恪问卓恕：“什么时候可以再来？”卓恕说了一个日期。到了卓恕说的这一天，诸葛恪以主人的身份备了酒席，停着杯筷不喝不吃，要等卓恕到来。许多客人都说："会稽到建康相隔有一千里路，并且路上又隔着江呀湖呀，水面上又有风波，这是很难预定的。"但是诸葛恪坚持要等。过了一会儿，卓恕果然到了，满座的宾客们都非常的惊异。于是主人敬客人们酒，客人们也回敬主人酒，大家极尽了欢乐才散去。

羊祜(hù)推诚

羊祜推诚　视敌如友　拒绝谲(jué)[①]言　饮以醇酒

【原文】

晋羊祜，字叔子。镇襄阳，与吴将陆抗接境。每交兵，克[②]日方战，不为掩袭之计。将帅欲进谲计，祜辄饮以醇酒，使不得言。抗遗(wèi)[③]祜酒，祜饮之不疑；抗疾，祜馈以药，抗即服之。人多谏抗，抗曰："岂有毒羊叔子哉？"

【注释】

①谲：欺诈，玩弄手段。

②克：严格限定。

③遗：给予；馈赠。

【译文】

晋朝时候有一个名将叫羊祜，字叔子。他带军队镇守襄阳，那个地方和吴国将军陆抗的境界相毗连。他们两边的军队，每次交战，一定要预先约定日期才开战，不用偷袭的办法。凡是军队里将帅要进献奇谲计策时，羊祜都要给他们喝一种很烈的酒，使他们不能说话，因此不采用他们的计谋。陆抗有时候送给羊祜的酒，羊祜毫无疑虑就喝了；陆抗生了病，羊祜送给陆抗的药，陆抗也立刻吃下。陆抗的手下都劝他不要服这个药，陆抗说道："哪里会有用毒药害人的羊叔子呢？"

曹摅约囚

曹摅(shū)岁夕　纵囚归家　克日皆返　诚感靡(mǐ)涯[①]

【原文】

晋曹摅，为临淄令，狱有死囚。岁夕行狱，愍(mǐn)[②]之，曰："新岁人情所重，岂不欲暂归家耶？"囚泣曰："若得暂归，死无恨也。"悉开出之，克日令还。掾(yuàn)吏[③]固争，摅曰："此虽小人，义不见负，自为诸君任之。"至日，相率[④]而至，并无遗者。

【注释】

①靡涯：没有边际，没有极限，无止无尽。

②愍：同"悯"。

③掾吏：官府中佐助官吏的通称。

④相率：亦作"相帅"，相继，一个接一个。

【译文】

晋朝曹摅，做了临淄的县官，那个县的牢狱里有许多判了死罪的犯人。曹摅在年底到牢狱里巡视，见着了这一班判死罪的囚犯，很可怜他们，就说道："过新年在人情上是很重要的，你们难道不想暂时回到家里去吗？"囚犯们都哭着说："倘若能够暂时回家，就是死了，我们也没有什么怨恨了。"曹摅就把他们都放了出来，说："只要你们答应我明日也就是大年初一黄昏之前能够自觉回到狱中，我就允许大家今日回家与家人团聚。"囚犯们听后又是惊喜又是感激，但是属员们很固执地和他争执，曹摅说道："这班人虽然都是小人，可是用恩义待他们，不至于负义的，我就替诸位担当这个责任好了。"果然到了第二天，所有犯人都回到狱中，没有缺少一个。

高允不妄

高允实对　愿受极刑　临死无妄　寿享遐(xiá)[①]龄

【原文】

北魏高允，见世祖，直言国书与崔浩同作，且注疏多于浩。上大怒曰："此甚于浩，安有生路?"太子曰："天威严重，允迷乱失次耳。"允曰："臣罪应灭族，今已分[②]死，不敢虚妄，臣以实对，不敢迷乱。"世祖曰："贞臣也。"宥(yòu)[③]之。

【注释】

①遐：长久。

②分：料想。

③宥：宽容，饶恕，原谅。

【译文】

南北朝的时候，北魏的崔浩因为修国史的事情，犯了死罪被处死了。这时候，有个叫高允的去见世祖皇帝，坦诚地说这国史是他和崔浩一同修的，并且自己作的注疏要比崔浩多。皇上听了很生气地说："照这样说来，你的罪名比崔浩还要大些，哪里还有活路?"太子在旁边替他解释道："他是因为他惧怕父皇的天威，所以说话迷乱失次了。"高允说道："做臣子的罪名应当灭族，现在已经是临死的时候，不敢讲虚妄的话，我是实实在在地对答，并不敢迷乱。"世祖皇帝听了，对他的正直赞赏道："你真是一个正直诚实的臣子。"于是就赦免了他的死罪。

魏征妩媚

魏征妩媚　不肯面从　责上失信　应对从容

【原文】

唐魏征，事太宗，尝责上失信于民。谏有不从，帝与语辄不应。帝曰："应而后谏，何伤[①]?"征曰："昔舜戒面从，臣心知其非而口应陛下，是面从也，岂稷契事舜之意?"帝笑曰："人言魏征疏慢，我视之，更觉妩媚，正为此耳。"

【注释】

①何伤:何妨,何害。

【译文】

唐朝时候,有一个著名的宰相,名叫魏征。他在太宗皇帝朝里做官,曾经指责皇上对百姓们有失信的事。他每逢劝了皇上,皇上不肯听从,那么皇上对他讲话,他就总不回应。太宗皇帝说道:"你回应了我之后,再来劝谏,又有什么关系呢?"魏征说:"从前舜帝警诫他人面子上的服从,现在做臣子的倘若心里明明晓得不是,但是口里却勉强答应皇上,这就是面子上的服从了,哪里是稷契服事舜帝的初意呢?"太宗皇帝就笑着说:"别人家说魏征做人疏慢,可是我看他的态度,越觉得妩媚可爱了。正是因为这些缘故啊。"

戴胄(zhòu)守法

戴胄为卿　守法诚荩(jìn)[①]　奏请改流　昭布大信

【原文】

唐戴胄,为大理少卿时,太宗以选人多诈冒资荫,敕令自首,不首者死。有诈冒事觉,上欲杀之,胄奏据法应流。上曰:"卿欲守法,使朕失信乎?"对曰:"敕者,出于一时之喜怒;法者,国家所以布大信于天下也。"上从之。

【注释】

①荩:同"进"。

【译文】

唐朝戴胄,官任大理寺少卿。这个时候,太宗皇帝因为那些候选的官员,多半是假诈冒替父辈的门荫而取得资格的,所以大力开展选择察举的活动,凡是那些假诈冒替的人,太宗命令他们自首,不自首的人判死罪。偶尔有奸诈虚伪的人事情败漏,戴胄根据法律判断他的罪行并予以奏告。太宗说:"我开始下的命令是不自首的死罪，如今你却根据法律来决断，这向天下显示我没有信用。”胄说：“皇上可以下令立即杀了他们。但是既然已经交付司法部门处理，我不敢不按照法来执行。”太宗说：“你自己守法，却让我失信于天下吗？”戴胄说：“敕令是出于皇上一时的喜怒，而法律是国家所以昭布大信于天下的。所以还是遵从法律为是。”太宗听后，怒气消解，就听从了他。

宋璟(jǐng)责说

宋璟拒诬　许友偕死　张说实言　魏免弃市

【原文】

唐宋璟，居官鲠直[1]。张易之诬魏元忠有不臣语，引张说为验。将廷辩，说惶遽[2]。璟谓曰：“名义至重，不可陷正人以求苟免。若不测者，吾且叩阁[3]救，将与子偕死。”说感其言，以实对，元忠免死。璟累拜广平郡公，以寿终。

【注释】

①鲠直：同“耿直”。

②惶遽：亦作“惶懅”。指惊恐慌张。

③叩阁：国家重臣，要求向皇帝报告问题。

【译文】

唐朝有一个大臣叫宋璟，他做官正直无私。那时候张易之诬害魏元忠有违逆朝廷的话，让张说做假证。将要到朝廷上去对质的时候，张说又害怕了。宋璟就对他说：“一个人的名誉是最重要的，不可去陷害正直的人，来企图使自己苟且免罪。如果你有什么不测，我会到皇帝面前去救你的，哪怕和你死到一起。”张说被他的话所感动，就把真实的情况告诉了皇上，魏元忠因此免了死罪。宋璟后来做到广平郡公，享了高寿才去世。

曹彬激诚

曹彬守诚　称疾保民　江南城下　不杀一人

【原文】

宋曹彬，下江南。太祖曰："城陷之日，慎无杀戮。"城垂[1]克，彬忽称疾，诸将问之，彬曰："余病非药所能愈，惟诸公诚心自誓'克城之日，不妄杀一人'，则自愈。"诸将共焚香为誓。明日城陷，兵不血刃。李煜归降，复待以宾礼。

【注释】

①垂：接近，快要。

【译文】

宋朝初年间有一个良将叫曹彬，奉命去攻打江南的南唐国。临行前，太祖皇帝对曹彬说："城池攻下的时候，千万不可杀戮平民百姓。"后来城头就要被攻破了，曹彬却说自己生病了，许多将士都去看望他，曹彬就对他们说："我的病不是吃药可以医治的，只要诸位很诚心地发一个誓，说攻破城池的那一天，决不乱杀一个人，这样我的病就可以完全好了。"将士们听后，于是焚了香，发了誓。到了第二天，城头攻破了，果然兵士的刀上，没有沾着一点血迹。当南唐君主李煜来投降时，曹彬又用待宾客的礼节对待他。

第九章　礼

今将行大道，
齐礼抉经心。
本以和为贵，
须知逸则淫。
风诗讥相鼠，
天理辨人禽。
国是如新定，
飞鸮听好音。

经典格言

1. 不学礼，无以立

【出处】《论语·季氏》。

【大意】不学习礼仪，是无法立身为人的。

2. 礼尚往来。往而不来，非礼也；来而不往，亦非礼也。

【出处】《礼记·曲礼上》。

【大意】礼节崇尚相互往来。有往无来，不符合礼节；有来无往，也不符合礼节。

3. 德行广大而守以恭者荣。

【出处】刘向《说苑·法诫》。

【大意】品德高尚的人能保持谦逊有礼，就会永远立于不败之地。

4. 礼，不妄说人，不辞费。

【出处】《礼记·曲礼》。

【大意】所谓礼貌，就是不要随便议论人，说话不罗嗦。

5. 轻财重气，卑躬厚士。

【出处】《陈书·蔡景虚传》。

【大意】轻钱财，重气节；谦逊待人，礼贤下士。

6. 尊人立莫坐，赐坐莫背人。存坐无方便，席上被人嗔。

【出处】《全唐诗补逸》。

【大意】长辈站着你就不要坐，让你坐你就不要把背对着人，坐的姿态不要随便，否则在席上就要惹别人生气。

7. 泽之身则荣，去之身则辱。

【出处】《管子·小称》。

【大意】如果一个人能够恭逊、自爱，就受人欢迎、称赞，否则就要被人鄙弃。

8. 除害在于敢断，得众在于下人。

【出处】《尉缭子·十二陵》。

【大意】消除祸害在于果敢善断，能得众人心在于谦恭待人。

9. 不敬他人，是自不敬也。

【出处】《旧唐书，文苑传》。

【大意】不尊敬别人，就是自己不尊敬自己。

10. 食不语，寝不言。

【出处】《论语·乡党》。

【大意】吃饭的时候不交谈，睡觉的时候不说话。

11. 投我以桃，报之以李。

【出处】《诗经·大雅·荡》。

【大意】别人送我个桃子，我报答他个李子。对方给我多大好处，我也应该以相应的好处回报他。

12. 苟日新，日日新，又日新。

【出处】《礼记·大学》。

【大意】如果天天洗涤能使面容清洁新鲜，那就每天都要洗涤干净，保持清洁、新鲜，而且要日日都保持下去。

经典故事

鉏麑(chú ní)触槐

鉏麑刺盾　奉命而来　不贼恭敬　竟自触槐

【原文】

周晋鉏麑，勇而知礼。灵公不君，赵宣子数谏，公患[①]之，使鉏麑贼[②]之。晨往，寝门辟[③]矣，盛服[④]将朝。尚早，坐而假寐[⑤]。麑退而叹曰："不忘恭敬，民之主[⑥]也。贼民之主，不忠；弃君之命，不信。"遂触槐而死。

【注释】

①患：忧也。

②贼：刺杀。

③辟：开着。

④盛服：穿戴好上朝的礼服。

⑤假寐：闭目养神，打盹儿。

⑥主：春秋战国时期称卿大夫为主。

【译文】

周朝时候，晋国人鉏麑既勇敢，又很懂得礼体。晋灵公执政期间贪图享乐，残虐不君，受到了正直的佐政大夫赵盾的多次劝谏，因此晋灵公感到非常厌烦，就派遣武艺高强的鉏麑去刺杀赵盾。鉏麑去行刺的时候很早，赵宣子的寝室门却已经开了。原来赵盾勤于国事，已经穿戴好准备上朝，因为时间还早，就坐着闭目养神。赵盾的勤勉和忠君爱国感动了鉏麑，他实在不忍心刺杀赵盾，便退了出来，叹气道："一个人平时都不忘恭敬，这就是人民的主人翁了。去刺死人民的主人翁，这就是不忠；抛弃了君上的命令，这就是不信。不忠不信，哪里能够在世上做人呢？"于是便一头撞死在门口的槐树上。

孔子尽礼

至圣孔子　老聃是师　事君尽礼　温恭威仪

【原文】

周鲁孔子，幼嬉戏，陈俎豆[1]，设礼容。适周，问礼于老聃。仕鲁，摄行相事，事君尽礼。入太庙，每事问，从而祭。膰肉不至，遂行。过宋，与弟子习礼树下。燕[2]居，申申夭夭，温而厉，威而不猛，恭而安。席不正不坐，割不正不食。

【注释】

①俎豆：古代祭祀、宴飨时盛食物用的两种礼器，亦泛指各种礼器。

②燕：同"晏"，指在家里的日常生活。

【译文】

周朝时候，鲁国圣人孔子非常讲求礼仪。他在幼年游戏的时候，就陈设礼器，讲究行礼的仪容。到了周朝，他向老子问礼。后来在鲁国做官,代理相国的职务,服事君王非常合礼节。走进周公的庙里,每一种事情,都要向人家询问。有一次跟鲁国的君主行祭礼,可是烧熟的祭肉没有分给孔子,孔子因为他们无礼就离开了鲁国。路过宋国,他和弟子们在树下习练礼节。闲居之时,孔子神色舒畅愉悦,温和而严肃,外表虽然威严,可是不流于刚猛,对人虽然恭谨,可是心里很安泰。他遇着放得不正当的座位,就不肯入座;割得不方正的肉,也不肯吃。可见圣人对于小的事情、小的礼节,也是严肃不苟且的。

郤(xì)缺妻敬

晋郤缺妻　馌夫冀野　相敬如宾　德之聚也

【原文】

周晋郤缺,夫妇相敬如宾。一日,缺耨[①]于冀野,其妻馌(yè)[②]之,持食奉夫甚谨,缺亦敛容受之。大夫白季过而见之,言于文公曰:"敬,德之聚也,能敬必有德,德以治民,君请用之。"文公举缺为下军大夫。及箕之战,缺获白狄子,襄公命为卿,复与之冀。

【注释】

①耨:锄草。

②馌:给在田间耕作的人送饭。

【译文】

周朝时候,晋国人郤缺,夫妻两个人相处相敬如宾。有一天,郤缺在冀邑的郊野里耕田,中午时分妻子将饭送到地头,双手捧了饭菜恭敬地递给丈夫,郤缺也庄重地接过去。此情此景,感动了路过此地的晋国大夫臼季,他回去对晋文公说:"恭敬就是德性凝聚的表现。一个人能够恭敬,就必定有道德;有了道德,就一定能够治理百姓。希望国君能够任用他。"晋文公任命郤缺做了下军大夫。后来在箕这个地方作战时,郤缺俘获了白狄国的国君。

于是，晋襄公升郤缺为公卿，把冀邑的原地方仍旧赐给他。

宿瘤采桑

齐宿瘤女　东郭采桑　不视车马　见重愍王

【原文】

周齐东郭[①]采桑女，项有大瘤，故号曰宿瘤。湣王出游，车骑甚盛，百姓尽趋观。女采桑如故，目不一视。王召问之，应对有礼。悦其贤，命后车载之。女曰："不受父母之教而随大王，是奔女也。"王大惭，称为圣女，以金百镒(yì)聘为后。用其言，而期月之间，威震邻国，诸侯朝之。

【注释】

①郭：城市，城邑。如：青山横北郭，白水绕东城。

【译文】

周朝齐国的东城，有个采桑的女子，脖子里有个大瘤，所以别人都叫她"宿瘤女"。有一天，齐国滑昏王出外游玩，随从非常多，百姓们都争相去看。只有"宿瘤女"仍然自己采着桑，一眼也不看。齐王很奇怪，就把她叫了过来问话。宿瘤女应对很有礼节。齐王看她很贤德，心里非常喜欢，就叫后面的车子载她到宫里去。她说："没有得到爹娘的许可就跟大王去，那不是成了私下逃走的女子吗？"齐王听了非常惭愧，称她是个圣女，就用上千两黄金做聘礼聘她做王后。齐王采纳她的言论来治理国事，不到一个月工夫，齐国的威名震动了邻国，各国诸侯都来朝见齐王了。

石奋恭谨

石奋父子　敬谨持躬　忠孝慈悌　万石家风

【原文】

汉大中大夫石奋，无文字，极恭谨。四子皆以谨，官至二千石，因号"万石君"。归老于家过宫门，必下车趋[①]；见路马，必式②；子孙为吏来谒③，必朝服见之，不名。子孙有过，为便坐，对案不食。诸子相责，肉袒谢罪，改之，乃许。

【注释】

①趋：快走。

②式：通“轼”，车前扶手横木。以手抚轼为古人表示敬意的一种礼节。

③谒：拜见。

【译文】

汉朝大中大夫石奋，没有什么文学才能，可是为人恭敬谨慎。他的四个儿子也都因为谨慎做了俸禄二千石的官，因此人家把石奋称作“万石君”。万石君在朝廷告老回乡后，凡是经过皇宫门，必定跳下车子快步走过。看见了皇帝所用的马，一定俯身敬礼。他的做了官的子孙来见他，万石君一定要穿了朝服才见他们，也不再直接叫他们的名字。子孙偶然有了过失，万石君就坐着，对着桌子不吃饭。等到子孙们互相责备，脱去上衣谢罪，改过了，才答应他们去吃饭。

杨刘责子

刘氏达礼　其子醉归　不见十日　痛责其非

【原文】

汉杨元琮母刘氏，字泰瑛，益都人。贞顺达礼，早寡，有四子。元琮其长也，常出饮酒，自御而归。刘氏不见十日，元琮因诸弟谢过，刘氏乃数之曰：“夫饮食有节，不至沉湎者，礼也。汝乃荒慢无礼，自为败首，何以帅①诸弟乎！”

【注释】

①帅：通“率”，率领。

【译文】

汉朝杨元琮的母亲刘氏，字泰瑛，益都人，为人忠贞温和，通晓礼仪。她的丈夫早早去世了，生有四个儿子，元琮是她的长子。元琮时常到外面去喝酒，喝完后自己赶着车子回来。刘氏对儿子的做法非常生气，连续十天不许儿子见她的面。于是，杨元琮领了三个弟弟到母亲面前去谢罪，刘氏责备元琮道："喝酒吃饭要有节制，不能沉溺在酒里，才是合乎礼法的。现在你喝酒喝得大醉，真正是荒唐至极，没有礼体！你作为长兄，自己首先破坏了礼法，怎么可以做弟弟们的表率呢？"

规妻礼宗

皇甫规妻　骂卓不从　速尽为惠　无愧礼宗

【原文】

汉皇甫规继妻，善属文，工草书。规卒，董卓慕其名，强聘焉。乃服跪卓门，以礼哀求，卓不听。遂起骂卓曰："羌胡之种，敢行非礼于尔君夫人耶！"卓怒，以其头悬车轭(è)，鞭扑交[①]下。规妻谓杖者曰："何不重乎？速尽为惠。"骂不绝口而死。后人图其像，号曰"礼宗"。

【注释】

①交：交相。

【译文】

汉朝皇甫规的后妻善于做文章，又写得一手好草书。皇甫规死了以后，董卓听闻皇甫夫人的名气，心里很艳羡，就用强硬手段聘娶她。皇甫夫人就穿了丧服，跪在董卓的门前，依礼苦苦哀求。可是董卓不肯听她。皇甫夫人就站起来骂董卓说："你这个蛮夷之人，敢向君夫人非礼吗？"董卓大怒，就把她的头吊在车子扼马颈的木头上，用鞭子像雨点一样鞭打她。皇甫夫人就对鞭打她的人说："你们为什么不打得重一点，快些打死我还好一些。"死的时候骂不绝口。后来人们就把皇甫夫人的形象画了下来，称呼她为"礼宗"。

孙晷温恭

孙晷独处　未尝倾斜　穷老告索　欣敬有加

【原文】

晋孙晷，恭孝清约[①]。每独处幽暗之中，容止瞻望未尝倾邪[②]。虽侯家丰厚，而布衣蔬食，躬[③]耕垄亩，诵咏不废，欣然独得。亲故有穷老者数人，恒往来告索，人多厌慢[④]之，而晷欣敬逾甚，寒则同寝，食则同器，朝野称之。

【注释】

①恭孝清约：恭敬孝顺，清廉节俭。

②倾邪：偏离，偏斜。

③躬：亲自。

④慢：怠慢。

【译文】

晋朝孙晷，为人恭敬孝仁、清静俭约。即使自己一个人独处暗室，容貌举止顾盼之间也未曾有一点儿不端正。虽然自己家业丰厚，但孙晷穿布衣吃素食，亲自在田间耕种，读书吟诗不辍，欣欣然独享其乐。亲朋故交中有几个穷困年老的，常常到他家里来借钱借物。人们大多讨厌怠慢他们，但是孙晷却格外敬重他们。天冷的时候，就同他们一处睡；吃饭的时候，就同他们一块吃。朝廷和乡间的人，都很称赞他。

岐阳损抑

岐阳公主　敬事舅姑　深自损抑　不用官奴

【原文】

唐杜悰(cóng)，尚[①]岐阳公主。归家，主拜起用家人礼，事舅姑以孝闻。所赐奴婢，皆奏还，另市[②]用之。时国婿豪横，主愈加损抑。悰为澧州刺史，主与偕，从婢乘驴，不肉食。州县供具，悉拒不受。姑寝疾，主不解衣者数月，药糜不尝不进。开成中，请偕悰入朝，卒于道，谥曰庄淑。

【注释】

①尚：娶帝王之女为妻。

②市：买。

【译文】

唐朝杜悰娶了岐阳公主做妻子。回到杜家，岐阳公主施行的是普通人在家里的礼节，服侍公婆以孝顺闻名。皇帝给她的所有佣人，她都上奏归还给皇帝，自己另外去聘用。当时的驸马都非常奢侈、横暴，她却越加谦恭自抑。杜悰到澧州去做刺史，她跟同前去。在路上，她同丫鬟一样乘坐驴子，不吃肉。州里和县里的官有送东西来的，她都拒绝不受。后来婆婆生病卧床，岐阳公主一连几个月都在婆婆病床前尽心尽力侍奉照料。每逢给婆婆吃药、吃粥，都是自己尝过后才端给婆婆吃。到了文宗皇帝开成年间，岐阳公主请求和杜悰一同进京去朝见皇帝，但不幸在半路上亡故，皇帝赐给她谥号为“庄淑”。

意辛礼法

辽萧意辛　礼法是遵　不言魇魅　修己安人

【原文】

辽耶律奴妻萧意辛，附马陶苏干女也。会娣姒[①]争言厌魅[②]以取夫宠。萧曰：“厌魅不如礼法。”众问若何，萧曰：“修己以谨，奉长以敬，事夫以柔，抚下以宽，此之谓礼法。有此四者，夫自不敢轻易[③]。”众皆惭服。后其夫被诬当流[④]，萧奏准俱行。在贬所，亲执役事，事夫礼敬有加。

【注释】

①娣姒：妯娌。古时妇女称丈夫的弟妇为娣，称丈夫的嫂子为姒。

②厌魅：用迷信的方法，祈祷鬼神或诅咒。厌：噩梦，通“魇。

③轻易：这里是“轻佻、不庄重”的意思。

④流：放逐，流放。

【译文】

辽国耶律奴的妻子萧意辛，是附马陶苏干的女儿。曾经有一次跟其他妯娌在一起时，大家争着说要用邪法献媚来取得丈夫的宠爱。萧意辛说：“用邪法不如用礼法好。”大家问为什么，萧意辛说：“自己的行为要谨慎，奉侍长辈们要恭敬，待丈夫要温柔和顺，对小辈要宽宏量大，这就叫作礼仪法度。这四种样样做到了，丈夫自然不敢看轻了。”大家听了萧意辛的话，都觉得又惭愧又佩服。后来她的丈夫被诬告，照法律应当充军。萧意辛就奏明皇上，准她跟丈夫同去。到了充军的地点，自己做着一切的劳苦事务，对待丈夫更加有礼、更加敬重。

彦光易俗

彦光立学　招致大儒　焦通礼阙　令其观图

【原文】

隋梁彦光，为相州刺史。相州人情险诐[①]（bì），千变万端，光招致大儒，每乡立学，非圣哲之书不授。于是人皆刻励，风俗大变。有焦通事亲礼阙[②]，为从弟所讼。光令观孔庙中图像，通悲愧若无容。因训而遣之，卒为善士。

【注释】

①诐：偏颇，不正。

②阙：空缺，缺少。

【译文】

隋朝梁彦光，在相州做刺史。相州人的性情阴险乖僻，变化多端。梁彦光就找到品行端正的读书人，在每个乡里设立一所学校，不是圣贤的书不讲。因为这个缘故，人人都很刻苦勉励，相州的风俗也大大改变了。当地有一个叫焦通的人,侍奉双亲没有礼节,被他的堂兄弟告发了。梁彦光就叫焦通去看孔庙里韩伯俞对着母亲大哭的图像。焦通悲痛惭愧,好像没有容身之地的样子。于是梁彦光就教训他一番,叫他回去。焦通最终成为一个品行善良的人。

镇周赠帛

镇周宴客　赠帛泪流　官民礼隔　不得交游

【原文】

唐张镇周,舒州人。自寿春迁舒州都督,就故宅,多市酒召亲故酣饮十日。既而分赠金帛,泣与之别,曰:“今日犹得与故人欢饮,明日则舒州都督治百姓耳。官民礼隔,不复得为交游。”自是一无所纵,境内肃然。

【译文】

唐朝张镇周,舒州人。从寿春迁调到舒州做都督。到了舒州,上任前他在自己家里买酒置菜,连续十天大摆宴席招待亲朋故友。等到酒席吃完了以后,又将金银绸缎分赠给大家,流着泪和大家告别:“今天我还能跟你们很高兴地喝酒,可从明天起我就是治理舒州的都督,官府与百姓之间在礼节上是有阻隔的,不能再跟大家这样交往了,若亲朋故友犯法,我绝不徇私!”张镇周上任后,严格遵守法令治理舒州,不营私,不循情。舒州境内被他治理得井井有条。

公绰小斋

唐柳公绰　兄弟孔怀　教子礼法　不离小斋

【原文】

唐柳公绰,非朝谒[①]之日,平旦即至小斋。诸子仲郢,皆束带[②]晨省[③]。与弟公权及群从弟,皆会食,自旦至暮,不离小斋。

烛至，召子弟入，躬读经史讫④，乃讲居家治官之法。然后归寝，诸子复昏定。凡二十余年如一日。

【注释】

①谒：拜见。

②束带：整饰衣服，表示端庄。

③晨省：省，探望、问候。晨省指早上省视问安。昏定指晚间服侍就寝。昏定晨省都是旧时侍奉父母的日常礼节。

④讫：完结。

【译文】

唐朝柳公绰，在不上朝的日子，天色初亮就到自己的小斋里。他的儿子柳仲郢等都束好衣带去行早晨省问的礼节。然后，柳公绰和他的弟弟柳公权以及堂兄弟们，一同聚会吃饭，从早晨一直到晚上，总不离开这个小斋。天晚了，家人们点了蜡烛送进来，柳公绰就把子弟们叫进小斋，自己读完经史以后，就对他们讲解居家和做官的道理。这样以后才回到寝室里去，儿子们再来问晚安，行昏定的礼节。这种家法礼数二十多年如一日地坚持了下去，从未改变。

杨时立雪

宋有杨时　师事程颐　雪深一尺　侍立不移

【原文】

宋杨时，字中立，潜心经史，第进士，调官不赴。以师礼见①程颢于颍昌，相得甚欢。及归，颢目送之，曰："吾道南矣。"颢卒。又从程颐于洛，年已四十，事颐愈恭。一日，颐偶瞑坐②，时与游酢侍立③不去。颐既觉④，门外雪深一尺。

【注释】

①见：拜见。

②瞑坐：打瞌睡。冥，闭目。

③侍立:陪立在旁。

④觉:睡醒。

【译文】

宋朝杨时,字中立,一心攻读经书史书,专注学问。中了进士之后,朝廷调任他去做官,他辞官不去。为求学问,杨时到颍昌拜程颢为老师,师生交谈相处得非常愉快。等他回去的时候,程颢看着他说道:“从此我的学问传到南方去了。”程颢去世以后,杨时又到洛阳程颐那儿学习。当时杨时已经四十岁了,可是他侍奉先生愈加恭敬。有一天,程颐偶然闭了双眼坐着。杨时和同学游酢在程颐旁边侍立着不肯离去。等到程颐醒了,门外面已经下了雪,有一尺多厚了。

朱熹闲居

晦翁庄重　敬慎威仪　自少至老　须臾未离

【原文】

宋朱熹,字仲晦,自号晦翁,庄重能言。闲居,未明而起,深衣、幅巾、方履[①],拜于家庙及先圣。退坐书室,几案必正,书籍器用必整。倦而休也,瞑目端坐。休而起也,整步徐行。其威仪容止之则[②],自少至老,未尝须臾离也。

【注释】

①深衣、幅巾、方履:最典型的汉服礼仪,将礼仪教化融入到衣饰之中。

②则:准则,标准。

【译文】

宋朝朱熹,字仲晦,自称晦翁。他为人端庄稳重,在朝廷里又能直言。平日闲居在家的时候,每每天色未亮,他就起床,穿好衣裳,戴了幞头,穿上方头鞋子,到家庙先圣神位前去跪拜。行完礼以后,退回到书房里,几案必定摆得很端正;一切书籍器用也都整整齐齐。有时候倦了休息，就闭了眼睛端端正正地坐着。休息后起来，就踱着方步慢慢地走。他的这种威仪和容貌举止，从少年一直保持到老，一刻也没有偏离过。

希宪礼贤

元廉希宪　卓见超群　不厚尊贵　独礼斯文

【原文】

元廉希宪，礼贤下士。刘整以尊官往见，公不命坐；宋诸生褴褛，袖诗请见①，公延②入坐，尽欢。既罢，人或问之，公曰："国家大臣，语默进退，系天下轻重。刘整虽贵，曾有犯上之行；诸生斯文，我不加厚③，则儒术由此衰矣。"

【注释】

①袖诗请见：意思是袖藏诗文请求拜见。

②延：邀请，请。

③加厚：更加厚待。厚：厚待。

【译文】

元朝廉希宪礼贤下士，对读书人很是礼遇。一次，有个叫刘整的尊贵官员来拜见他，廉希宪不请他入座。而有几个衣着破烂的前宋朝读书人，袖子里带着自己的诗作来拜见他。廉希宪请他们上座，大家谈得很投机。这些人离开以后，有人问廉希宪是什么缘故。廉希宪说："做国家大臣的人，一言一行、一进一退都关系着国家的轻重安危。刘整虽然显贵，但却曾经冒犯过皇上。那些读书人都是些斯文谦恭的人，我若不格外厚待他们，那么读书的风气，怕要从此衰微下去了。"

公谅检饬

宇文公谅　拒女夜奔　暗室端坐　手记思存

【原文】

元宇文公谅，弱冠①馆②于富室，半夜有妇人叩门，公谅厉声叱去。翌日，以他事辞归，终不告以故。平居虽暗室，必正衣冠端坐，尝自识手记之编首曰："昼有所为，暮则书之。其不可书，即不敢为。天地鬼神，实闻斯言。"其检饬③之严如此。

【注释】

①弱冠：古代男子20岁就要行"冠礼"，即戴上表示已成人的帽子，以示成年，但体犹未壮，还比较年少，故称"弱"。后世泛指男子20岁左右的年纪，不能用于女子。

②馆：动词，坐馆。

③检饬：检点，自我约束。

【译文】

元朝宇文公谅，20多岁时曾在一家富户人家坐馆教书。有一天半夜，有一个妇人来敲门，宇文公谅就大声把她叱退了。到了第二天，宇文公谅就推说有事，辞了馆回去，终究没有把这个缘故讲出来。他平常闲居的时候，即使独自一个人住在暗室里，也一定正了衣服帽子，端端正正地坐着。他曾经在他的手记的前面写道："白天做了什么事，晚上就写下来。倘若有不可以写下来的事，那就不可以做。天地和鬼神，确确实实知道这些话。"由此可见他的自我约束是多么地严格。

道寿进杖

道寿尽礼　以事其亲　受杖谢教　文质彬彬

【原文】

元萧道寿，母年八十，事养尽礼。每旦，候母起，夫妇亲侍盥栉①(guàn zhì)。日三饭，必侍母食然后食。至夕，必侍母寝然后寝。母或怒，欲罚之，道寿自进杖，伏地以受。杖足，母命起，乃起。起复，再拜，谢②违教，拱立左右，俟③色喜乃退。

【注释】

①盥栉：梳洗整理容貌。盥：洗漱。栉：梳头发。

②谢：道歉认错，谢罪。

③俟：等候。

【译文】

元朝萧道寿的母亲已经80岁了。他服侍、奉养母亲非常孝顺，合乎礼节。每天早上，等母亲起来，萧道寿夫妻两个亲自侍奉母亲洗脸梳头。每天三餐饭，一定要等候母亲吃了自己才去吃。到了晚上，一定要等候母亲睡了才去睡。有时候他的母亲生了气要责罚他，萧道寿就自己拿来杖给母亲，并跪在地下受打。打完了以后，母亲叫他起来，他才敢起来。起来后，再拜母亲，因为违背了教训向母亲谢罪，拱手在母亲的旁边立着，一直等到母亲脸上有了喜色，才敢退出去。

颜游端恪

颜母游氏　教子成名　全家守礼　肃静无声

【原文】

明颜从仕母游氏，怀宁人也，端庄诚恪[①]，克勤克俭。督诸子学，无间昕夕[②]。诸妇晨起，必整容问安否；稍懈，即以礼导之。诸子遇游氏垂询，必正襟以对，无敢或慢。同室数百指[③]，平居不闻人声，里党则[④]焉。

【注释】

①诚恪：忠诚恭敬，真诚严肃。

②昕夕：朝暮。昕：太阳将要出来的时候。

③数百指：一人有十指，数百指即几十口人。

④则：效法。

【译文】

明朝颜从仕的母亲游氏，是怀宁人。性情端庄，诚实恭敬，勤俭节俭。她亲自监督几个儿子读书，日夜没有间断。媳妇们早上起来，必定要容貌整洁，到游氏面前来问安。假使稍稍偷懒了一点，游氏就用礼法教导他们。儿子们逢着母亲问话的时候，必定要正了衣襟回答母亲，不敢稍存怠慢的心思。游氏家里共有几十个人，可是平常时候，几乎听不到人的声音。乡里的人都把游家当作榜样。

第十章 义

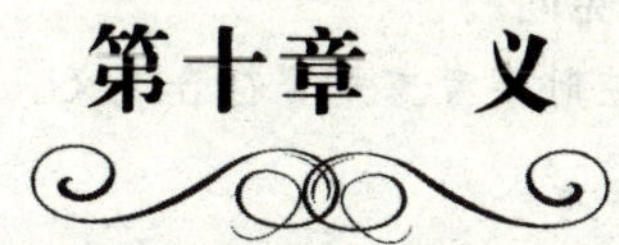

大义垂天壤，
惟精乃入神。
理通刚者贵，
气配浩然真。
莘野尊先觉，
桃园慕古春。
读书学何事，
莫作负心人。

经典格言

1. 生亦我所欲也，义亦我所欲也；二者不可得兼，舍生而取义者也。

【出处】《孟子·告子上》。

【大意】生命是我想要的，道义也是我想要的。在二者不能同时得到的情况下，就舍弃生命而只要道义。

2. 义以生利，利以丰民。

【出处】《国语·晋语》。

【大意】道义是用来增加社会财富的，社会财富是用来使百姓富足的。

3. 见利思义。

【出处】《论语·宪问》。

【大意】面对利益时要考虑是否符合道义。

4. 义，志以天下为分。

【出处】《墨子·经说上》。

【大意】义，就是立志把天下的事作为自己分内的事。

5. 非其有而取之，非义也。

【出处】《孟子·尽心上》。

【大意】不是自己的东西而据为己有，是不符合道义的。

6. 多行不义必自毙。

【出处】《左传·隐公元年》。

【大意】总是做不合道义的事情，最终一定会遭到惩罚。

7. 临难毋苟免。

【出处】《礼记·曲礼上》。

【大意】在灾难与危险面前，不要苟且偷生而失去做人的气节。

8. 义之法在正我，不在正人。

【出处】董仲舒《春秋繁露·仁义法》。

【大意】所谓道义的法则，在于端正自己，而不是端正别人。

9. 义者，心之养也；利者，体之养也。

【出处】董仲舒《春秋繁露·身之养重于义》。

【大意】“义”是用来养心的，“利”是用来养身的。

10. 君子义以为质，得义则重，失义则轻，由义为荣，背义为辱。

【出处】陆九渊《与郭邦逸》。

【大意】君子以道义为重，得到道义的人就受到尊重，丧失道义的人就不值一提；遵循道义是光荣，背离道义则是耻辱。

11. 先义而后利者荣，先利而后义者辱。

【出处】《荀子·荣辱》。

【大意】把义放在利之前的人光荣，把利放在义之前的人耻辱。

12. 见得思义。

【出处】《论语·季氏》。

【大意】见到可以得到的，要考虑是否符合道义。

经典故事

冯谖(xuān)焚券

冯谖弹铗(jiá)　客于孟尝　收债市义　焚券免偿

【原文】

周齐冯谖，为孟尝君收债于薛，矫命[①]，以债赐诸民，焚券而归。孟尝君曰："债收毕乎？来何疾也！"曰："收毕矣。"问："何所市[②]？"曰："市义而还，君府藏盈积，惟寡义耳。"君曰："诺。"后孟尝君废，诸客皆去，独赖冯谖，得复其位。

【注释】

①矫命：假传命令。

②市：买。

【译文】

周朝齐国冯谖，替孟尝君到薛这个地方去讨债，他就假传了命令，把百姓们欠他的债免了，又把许多的债据烧掉了才回来。孟尝君看见冯谖回来了，就问他道："债都收完了吗？为什么来得这样快呢？"冯谖回答道："收完了。"孟尝君又问他买了什么回来。冯谖回答道："买了义回来。我看你的府上很是富足，只缺一个义。"孟尝君听了，勉强应了一声。后来孟尝君不做齐国相国了，除了冯谖，他门下所有的门客都走了，幸亏依靠冯谖才能够再做齐国的相国。

贾母倚闾

贾母教子　出求愍王　卒诛淖齿　继立法章

【原文】

周齐王孙贾，公族也。淖齿之乱，愍王出走，被弑。贾莫得其所，惘然而归。母曰："汝朝出不归，吾倚门而望；暮出不返，吾倚闾(lǘ)①而望。今汝事②王，王出走而不知其处，汝尚何归？"贾乃出，集市人为兵，诛淖齿，求王子法章而立之。君子谓贾母义而能教。

【注释】

①闾：门。

②事：动词，侍奉，供奉。

【译文】

周朝时候齐国有个人叫王孙贾，与齐王同族。当那淖齿造反的时候，齐王逃出，被人杀死了。王孙贾寻不到齐王所在的地方，很失望地回到了家里。他的母亲对他说："你上朝出去不回来，我倚了大门望着你。你晚上出去不回来，我倚了里门望着你。现在你服侍君王，君王逃了出去，可是你不晓得君王逃在什么地方，那么你还回来做什么呢？"于是王孙贾就出去集合了市面上的人组织成军队去杀了淖齿，又去访求了王子法章，立为齐国的君王。君子们都认为，王孙贾的母亲很有义气，又很能够教导儿子。

嫠(lí)清捐产

嫠清上疏　捐资筑城　始皇嘉义　筑台以旌

【原文】

秦巴郡寡妇清，其先得丹穴，擅[①]利数世。清寡居，能守其业，用财自卫，不见侵犯。始皇筑长城，巴蜀一郡，当役万人。清上书：尽出家财百余万，筑边城数百里，不费官钱。而民不离乡里，又得工资，争效其力。不数月，而城已完固。始皇嘉之，筑怀清台以旌[②]其义。

【注释】

①擅：专也。擅利：专有其利。

②旌：表扬。

【译文】

秦朝时候巴这个地方有一个寡居的妇人，名叫清。她的祖先得到了一座出产丹砂的山头，收利了好几代，积蓄了许多家财。清虽然守了寡，可是很能够守着这个世业，保护自己，没有人敢来侵犯她。秦始皇造万里长城，巴蜀一郡去做工的就要1万人。这时候清就上了一封书到秦始皇那儿，情愿把她的家财100多万尽数拿出来去建筑几百里的边城，不费用朝廷的金钱。百姓们不必离开家乡又可以得到工钱，个个抢上前去替她效力。不到几个月边城已经造得完固了。秦始皇认为她了不起，就造了一座怀清台来表扬她的义气。

楼护养吕

楼护仗义　念旧怜贫　吕公夫妇　奉养终身

【原文】

汉楼护，字君卿，为人短小，论议依名节，听之者皆竦①。有故人吕公无子，归护，护身与吕公，妻与吕妪同食。及护家居，妻子颇厌吕公，护流涕责其妻子曰："吕公以故旧穷老，托身于我，义所当奉。"遂养吕公终身。

【注释】

①竦：恭敬，肃敬。

【译文】

汉朝楼护，字君卿。他的身材生得很矮小，谈论却遵循名节，听他谈论的人都很有感触。他有一个老朋友姓吕，没有儿子，就到楼护的家里来养老，楼护和吕公一同吃饭，他的妻子和吕公的妻子一同吃。后来楼护告老还家，生活有点紧张，其妻便开始嫌弃这位吕姓朋友。楼护知晓后严厉责备了妻子，说："吕公是我的老朋友。他因为家里很穷苦，自己年纪又老了，所以来托身于我。从义气上讲，应该奉养他的。"于是一直秉义奉养吕公，直至其终老。

云敞葬师

云敞之师　人皆背之　自劾弟子　竞收其尸

【原文】

汉云敞，字幼儒，平陵人，师事同郡吴章。章当世名儒，弟子千余人，以不附王莽被诛。其弟子皆禁锢，不得仕宦，门人尽更名他师。敞时为大司徒掾(yuàn)①，自劾(hé)②为吴章弟子，收章尸归葬。京师称其义，官至中郎谏大夫。

【注释】

①掾：原为佐助的意思，后为副官佐或官署属员的通称。

②劾：揭发罪状。自劾：检举自己的过失。

【译文】

汉朝云敞，字幼儒，是平陵人，拜同乡人吴章做先生。吴章是当时很有名的读书人，他的弟子有1000多个。可是吴章因为不肯附和王莽，被王莽腰斩了。凡是他的弟子们都被囚禁了，永远不能够做官。于是吴章的弟子个个都改在别人的门下做弟子了。这时候云敞正做着大司徒的属员，就声明自己是吴章的弟子，还收了吴章的尸首回去安葬。京城里的人都称赞云敞的义气，后来云敞做到中郎谏议大夫。

苞母勖子

赵苞之母　被劫鲜卑　遥谓其子　忠义毋亏

【原文】

汉赵苞，为辽西太守。迎母就养，道经柳城，值鲜卑入寇劫质其母，苞率步骑二万，与贼对阵。贼出母以示苞，苞悲号谓母曰："为子无状[①]，欲以微禄奉养朝夕，不图为母作祸。昔为母子，今为王臣，义不得顾私恩、毁忠节，唯当万死，无以塞罪。"母遥谓之曰："人各有命，何得相顾，以亏[②]忠义！尔不闻王陵母对汉使伏剑，以固子志耶！"苞即时进战，鲜卑大败，母遂遇害，苞呕血而死。

【注释】

①无状：这里是不肖的意思。

②亏：损害，败坏。

【译文】

汉朝赵苞，是辽西地方的太守官。他迎接母亲到任上来赡养，路过柳城地方，正逢着北狄鲜卑国进来抢掠，把赵苞的母亲抢了去做人质。赵苞率兵与敌方对阵，敌方押出赵苞的母亲胁迫他。赵苞大哭对母亲说："儿子不肖，原想用些微薄的俸禄来奉养母亲，哪里晓得反给母亲招了祸来呢？我们是母子，我现在也是朝廷命官，于道义上说不能只顾个人恩怨，也不能抛却民族气节，我只有一死来谢罪了!”母亲就远远地对他说:“凡是一个人,各自有命运的,哪里可以顾全自己,以致败坏忠义呢?难道你没听过王陵的母亲对着汉朝使官用剑自杀了,以此来坚固儿子志气的故事吗?”赵苞就立刻举兵和鲜卑人作战,鲜卑人大败。母亲被鲜卑人杀死,他悲伤过度,吐血而亡。

宋弘念旧

宋弘既贵　念及糟糠　不尚公主　大振纲常

【原文】

汉宋弘,为司空时,光武姊湖阳公主新寡,帝与共论朝臣,微观其意。主曰:“宋公威容德器,群臣莫及。”帝因谓弘曰:“谚云,贵易[①]交,富易妻,人情乎?”弘曰:“臣闻贫贱之交不可忘,糟糠之妻不下堂。”帝谓主曰:“事不谐矣。”

【注释】

①易:换。

【译文】

东汉宋弘做司空的时候,刚逢着光武皇帝的姐姐湖阳公主新死了丈夫,光武皇帝就和湖阳公主谈论朝里的臣子,去探他的意思。湖阳公主道:“宋公有很威严、容貌、道德和器识,这一班臣子里头没有一个比得上他的。”光武皇帝听了就去对宋弘说道:“俗语说做了官就把贫贱时候的朋友换掉,有了钱好把穷苦时候的妻子换掉。经常不是有人这样做吗?”宋弘道:“凡是贫贱时候的交好是不可以遗忘的,同过甘苦的妻子是不可以抛弃的。”光武皇帝就对湖阳公主道:“这个事情行不通。”

巨伯请代

汉荀巨伯　省友临危　行义代死　胡贼班师

【原文】

汉荀巨伯，远省友疾，值寇攻郡。友曰："吾今死矣，子可去。"巨伯曰："远来相视，子令吾去，败义以求生，岂巨伯所行耶？"贼至，巨伯请以身代友命，贼相谓曰："我辈无义之人，岂可掠有义之邑！"遂退去，一郡获全。

【译文】

东汉荀巨伯，有一次他去看朋友，刚巧遇着强盗们来攻打府城。他的朋友说道："我身体有病，今番只好等着死了，你回家去吧。"荀巨伯对他的朋友说："我来看望你，你却叫我败坏了义气去求活路，这哪里是巨伯肯做的事呢？"后来强盗们来了，荀巨伯就请求去代替朋友送死。强盗们听了，互相说道："我们这些没有义气的人，哪里可以来抢夺有义气的地方呢？"就全部退去了，满城的人家因此得以保全了。

关公秉烛

关公大义　二嫂同居　秉烛达旦　终夜观书

【原文】

汉关羽，字云长。先主寝与同床，恩若兄弟。而稠人广，坐侍立终日；随先主周旋，不避艰险。曹操东征拔下邳，擒羽，使张辽说降，羽表三约。时甘、糜二夫人为操所获，使羽与夫人共居一室，羽秉烛达旦。

【译文】

关羽，字云长。蜀汉的先主刘备和他同睡一床，像兄弟一样地看待他。可是在许多人面前时，关羽总在先主刘备的旁边立着，他跟先主去周旋一切，无论什么艰难危险都不退避。有一回，曹操带了军队一直向东进兵，攻破了下邳地方的城池，把关羽捉了去。曹操差了张辽去劝他投降。关羽表明了三桩条件。这个时候，刘备的妻子甘夫人和糜夫人都被曹操捉住了，就叫关羽和二位夫人在一个房间里同住，关羽点燃了蜡烛，手拿着到天亮。

祖逖避难

祖逖避乱　亲党共之　车载老疾　躬自奔驰

【原文】

晋祖逖，性豁荡，轻财好侠。每至田舍，辄称兄意，散谷帛以济贫乏。京师乱，逖率亲党数百家，避难淮泗。以车马载老疾，躬自徒步，药物衣粮，与众共之。元帝用为刺史，以社稷倾覆，常怀振复之心，卒尽复晋土。

【译文】

晋朝祖逖，他的天性无拘无束，度量很大，把钱财看得很轻，喜欢做侠义的事情。每每到种田人家去的时候，假称了他哥哥的意思把谷米和绸布分给贫苦的人。京师里发生了乱事，祖逖就带领了亲戚和同乡一共几百家到淮泗地方去避难。他把所有的车子、马匹都载了那些年老的和生病的人，自己却步行着，所带的药物和衣服、粮食都与大家共用。后来元帝叫他做了刺史，祖逖因为国家山河破碎，志存振兴恢复，最后终于收复了晋朝失去的土地。

进之救友

进之赈济　破产安贫　投水救友　相与沉沦

【原文】

南宋张进之，家世富足，荒年散财，救赡乡里，遂以贫罄[①]，全济者甚多。太守王味之当见收，逃避进之家，供奉经时，尽其诚力。味之堕水沉没，进之投水拯救，相与沉沦，久而得免。时劫掠充斥，到进之门，相约勿犯，其信义所感如此。

【注释】

①罄：尽，用尽。

【译文】

南北朝时候，南宋张进之，家里很有钱，遇到了荒年，张进之就把自己的家财分散了，去救济乡亲。因为这个缘故，家里就从此穷苦了，可是被他救活的人却是很多。有一个叫王味之的太守，朝廷里要来捉他，他就逃避到张进之的家里，张进之就尽心尽力地照顾他。有一次王味之跌在水里沉了下去，张进之就跳到水里去救，哪里晓得大家都沉下去了，过了许久，才被人家救起。这时候遍地都是盗贼，抢掠的事情很多，可是强盗们到了张进之的门口，大家相约不可侵犯，那是因为被张进之的信义所感化。

孙赵培城

孙妻赵氏　城陷为忧　相率妇女　同保岐州

【原文】

西魏孙道温之妻赵氏，安平县人也。万俟丑奴反，围岐州，久之，援不至。赵氏谓城中妇女曰："今州城将陷，凡我妇女义当同忧。"闻者感其言，遂相率负土，昼夜培城，城赖以完。大统六年，赠道温岐州刺史，赠赵氏安平县君。

【译文】

北朝西魏孙道温的妻子赵氏，是安平县地方的人。那时候有个万俟丑奴造了反，把岐州地方的城池围困。过了许多时候，救兵还没有到，赵氏就对岐州城里面的妇女们说："现在岐州的城池眼看将要陷落了，照义理上讲，凡是同住在这里的妇女应当和男子们一同担忧的。"妇女们听见赵氏的话都很感动，大家就率先去挑泥担土，日夜修理城池，于是岐州的城池得以完好保全。到了大统六年，西魏君主封孙道温为岐州刺史，并且封赠赵氏做安平县君。

公义变俗

慈母公义　欲变岷俗　舆病置厅　拊摩情笃

【原文】

隋辛公义，除岷州刺史。岷俗一人病疫，合家避之，孝义道绝，病者多死。公义欲变其俗，命凡有疾者，皆以床舆来，安置厅事[①]。暑月疫时，病人或至数百，厅廊悉满。公义新设一榻，独坐其间，终日连夕，对之理事。所得秩俸，尽用市药，为迎医疗之，躬劝其饮食，于是悉差。方召其家人亲族，谕之曰："死生由命，不关相着。前汝弃之，所以死耳。今我聚病者，坐卧其间，若言相染，那得不死，病儿复差[②]！汝等勿复信之。"众感泣，此风遂革，合境呼为慈母。

【注释】

①厅事：官府办公的地方。

②差：通"瘥"，病愈。

【译文】

隋朝辛公义是岷州刺史。可是岷州的风俗，每逢家里有一个人生了病，全家的人就都避开。孝义的道理都没有了，生病的人因为没有人服侍，所以多半都死了。辛公义想改变这个不良风俗，就下了一个命令：凡有抱病的，都用床抬到刺史府内，安设在刺史办公的大堂上。其时正值暑天，疾病爆发，病人有时多达数百人，以致走廊全都安设了病人。公义在厅堂上安设一榻，就在此办公歇息，夜以继日。自己每月的薪酬全都用来给病人买药。为病人请医生诊病治疗，亲身给病人喂饭喂药。等病人差不多都治愈了，这时辛公义就叫了他们的家人来，对他们说道："人的死生是由命运决定的，和亲人抱病没有多大联系，以前你们的亲人一旦抱病，你们就抛弃他，所以病人只能等死。现在我把病人都聚集在这里，我自己终日坐卧在病人之间，如果说传染的话，那我如何能不死呢？病人又如何能康复呢？你们再也不要有恐惧病人的陋习了。”于是一班人很感激地哭了，这个不良风俗因此得以革除，百姓都称辛公义为“慈母”。

兰英啖土

兰英护主　游丐何妨　啖土饮水　窃负归唐

【原文】

唐王兰英，独孤师仁乳母也。师仁父武都，不义[①]王世充所为，欲自拔归唐，世充觉而杀之。师仁甫三岁，免死，禁锢。兰英请钳，得保养，许之。时丧乱，饿死者藉藉，乃游丐以食师仁，而已啖土饮水。后诈为采薪，窃负师仁归唐。高祖嘉其义，诏封永寿乡君。

【注释】

①不义：以……为不义。

【译文】

唐朝王兰英是独孤师仁的乳母。独孤师仁的父亲就是独孤武都，觉得王世充的所作所为都不合乎义理，就想脱身去投靠唐朝，哪里晓得给王世充知道了，就把独孤武都杀死了。那时候独孤师仁的年纪只有3岁，因此就免了死，但是被监禁起来不得自由，王兰英就请求受了剃发和束颈的刑罚来养护幼主，王世充就答应她了。这时候，天下大乱。饿死的人尸横满地，王兰英就到处讨饭，用讨来的饭喂给师仁吃，而自己却吃糠，喝河里的水。后来她终于寻到一个机会，假装砍柴，偷偷背着独孤师仁逃到了唐朝。唐高祖赞赏她的义气，就下诏封王兰英为“永寿乡君”。

章练全城

章练夫人　誓不独生　建封义之　免屠全城

【原文】

南唐大将王建封,初为闽帅章仔钧部将。后期当斩,章妻练夫人悯焉,给以资,令去。及南唐攻建州,将屠城,建封解甲[①]徒步,往见练氏,谋保全其家属亲戚。练曰:"建民无罪,愿将军释之。若将军不释建民,妾愿先百姓死,誓不独生也。"建封义之,全城获免。

【注释】

①解甲:脱下铠甲。

【译文】

南唐里有个大将叫王建封,他起初是在闽国元帅章仔钧的部下做将官。有一次,他误了期,照军法应当斩首,章仔钧的妻子练夫人很可怜他,就给他一些钱财,叫他逃去。到了后来,南唐攻打建州,要大行杀戮。这时候王建封脱下了铠甲,亲自到城里去见练夫人,打算设法保全练夫人的家属和亲戚。练夫人说:"建州全城的人民是没有罪的,请将军饶恕他们。倘若将军不肯饶恕建州全城的人民,那么我情愿先死在百姓的前头,无论如何决不能独自生存。"王建封很佩服练夫人的义气就下令禁止杀戮,于是全城的人民都保全了性命。

仲淹义田

宋范仲淹　千亩义田　以济群族　衣食赖焉

【原文】

宋范仲淹,平生好施与,择其亲而贫、疏而贤者,咸施之。方贵显时,置[①]负郭[②]常稔(rěn)[③]之田千亩,号曰义田,以养济群族之人。日有食,岁有衣,嫁娶丧葬皆有赡[④]。择族之长而贤者主其计,而时[⑤]其出纳焉。

【注释】

①置:购置。

②负:背,枕也。负郭:靠近城郭。

③稔:庄稼成熟。

④赡:供养。

⑤时:按时。

【译文】

宋朝范仲淹平生最喜欢救济穷苦人家。凡是亲近又贫穷的人和疏远但贤良的人,他都给他们钱用。他做官以后,买了近城的好田1000亩,称作"义田",去救济族里的人。每天有饭食给他们吃,每年有衣服给他们穿。凡是有嫁女儿的、娶媳妇的或是有亡故的、安葬的种种事情都给钱贴补他们,并且选择了族里年长又贤良的人去管理这件事,按时支付银钱。

孝基还财

宋张孝基　受岳家赀　屡试其子　悉以归之

【原文】

宋张孝基,娶同里富人女。富人只一子,不肖,斥逐之。富人死,悉以家财付孝基。后其子为丐,孝基见之,问曰:"汝能灌园乎?"曰:"能。"因使灌园,颇自力。复问曰:"能管库乎?"曰:"能。"更觉淳谨,孝基遂以其父财产悉归之。

【译文】

宋朝时候的张孝基娶了同乡富人家的女儿做妻子。那个富翁只有一个儿子,品行很不好,富翁就把儿子赶出了家门。富翁死的时候,把全部家产都留给了张孝基。后来富翁的儿子沦落为乞丐。有一回,张孝基遇见了,问他道:"你能不能耕种园地呢?"他回答道:"能。"张孝基就叫他去种园地,见他很勤劳地耕作,张孝基就再问他道:"你能不能管理库房呢?"他又回答道:"能。"张孝基就叫他管了库房,以后他更加淳厚谨慎了。张孝基就把他父亲所有的财产悉数还给他了。

天祥衣带

宋文天祥　涕泣勤王　惟义是尽　衣带名杨

【原文】

宋文天祥，勤王兵败，为元所获。元主闻其贤，召见，问何所愿。对曰："宋既亡，愿赐一死足矣。"临刑，颜色自若，其带中有赞[①]云："孔曰成仁，孟曰取义。惟其义尽，所以仁至。读圣贤书，所学何事？而今而后，庶几[②]无愧。"

【注释】

①赞：一种文体。

②庶几：近似。

【译文】

宋朝末年，文天祥起兵救驾，兵败后被元朝兵俘获。元朝的君主听闻他的贤良，就召见他，问他有什么愿望，可以帮他实现。文天祥大义凛然地说："既然宋朝已经灭亡，我没有什么好说的，请赐我一死吧。"元朝君主非常震惊，对他更是钦佩。后来君主屡次派人劝他投降，但都被文天祥拒绝，无奈之下最后只好把他杀了。临刑前，文天祥神色泰然，他的衣带里有一首赞，赞里面说："孔夫子说的'杀身成仁'，孟夫子说的'舍生取义'，这个义到了极点，那个仁心也就到了极点了。读了圣贤人的书，究竟为了些什么事，我今天才勉强可以说问心无愧了。"

刘濠焚宅

宋有刘濠　翰林掌书　欲燬党籍　自焚其庐

【原文】

宋刘濠，为翰林掌书。宋亡，邑子林融倡[①]义旅，事败。元遣使簿录[②]其党，多连染。使道宿濠家，濠醉使者而焚其庐，籍悉。

使者计无所出，乃为更其籍，连染[③]者皆免。曾孙基，佐明太祖灭元，封诚意伯，人谓祖德所致。

【注释】

①倡：发动，倡导。

②簿录：查抄登记，记录。

③连染：连累，牵连。

【译文】

宋朝时候刘濠在翰林院里做掌书官，后来宋朝亡了。刘濠的同县人林融组织了一支义兵，可是失败了。元朝差官员将林融同党的名字登记下来，牵连进去的人很多。那个官员路过刘濠家并借宿在他家。刘濠看见牵连的人这样多，想了一个计策，用酒把官员灌醉了，又放了一把火，把自己的房子烧掉了，那个名册也因此烧毁了。

那个官员没有办法，就另外编制了一本名册，因此牵连的人都得免了。

第十一章　耻

一洗神州辱，
端须耻德知。
淫仍诛首恶，
利总病心私。
勿使夷齐笑，
奚将孔孟疑。
人天无愧怍，
即此殿新诗。

经典格言

1. 行己有耻。

【出处】《论语·子路》。

【大意】用羞耻之心来约束自己的行为。

2. 无羞恶之心，非人也。

【出处】《孟子·公孙丑上》。

【大意】没有羞耻之心，简直就不是人。

3. 人必自侮，然后人侮之。

【出处】《孟子·离娄上》。

【大意】人一定是先有自取其辱的行为，别人才会侮辱他。

4. 人不可以无耻，无耻之耻，无耻矣。

【出处】《孟子·尽心上》。

【大意】人不可以没有耻辱感，不知羞耻的那种羞耻才真的是不知羞耻呀！

5. 知耻近乎勇。

【出处】《礼记·中庸》。

【大意】有羞耻心就接近勇敢了。

6. 人必其自爱也，而后人爱诸；人必其自敬也，而后人敬诸。

【出处】扬雄《法言·君子》。

【大意】人一定要自爱，然后才能被他人所爱；人一定要自尊，然后才能被他人尊敬。

7. 人有耻，则能有所不为。

【出处】朱熹《朱子语类》卷十三。

【大意】一个人有了羞耻心，就能不做那些不该做的事。

8. 五刑不如一耻。

【出处】吕坤《呻吟语·治道》。

【大意】再严酷的刑罚也不如让百姓懂得一个“耻”字。

9. 士皆知有耻，则国家永无耻矣。

【出处】龚自珍《明良论二》。

【大意】如果一个国家的士人都有羞耻心的话，那就永远不会有国耻了。

经典故事

成汤放桀

成汤救世　誓师于郊　自谓惭德　放桀南巢

【原文】

商汤，契之后。初为诸侯，居亳。三使聘伊尹，尹就汤，汤荐尹于桀，自亳凡五适[①]夏，告以尧舜之道。桀终不听，暴虐愈甚。汤乃誓师攻鸣条，放桀于南巢，自以为有惭德，曰："予恐来世以吾为口实。"仲虺(huǐ)乃作诰以明之。

【注释】

①适：往，归向。

【译文】

三代时候，商朝的汤是契的后代。起初是在夏朝做着诸侯，居住在亳这个地方。派人用聘礼去聘请伊尹三次，伊尹才到汤那里，汤把伊尹推荐到桀那边，从亳到夏朝国都前后一共走了五次，把古时代唐尧虞舜做人君的道理告诉桀。桀不肯听他的话，反而愈加暴虐了。汤不得已发了誓，兴兵去攻打鸣条，把桀流放到南巢去了。汤流放了桀，自己认为这桩事未免有伤德性，很惭愧地说道："我恐怕后世的人把我当作话柄。"于是仲虺就写了一篇诰文来说明这件事。

勾践尝胆

越王勾践　焦思苦身　不忘国耻　尝胆卧薪

【原文】

周越王勾践之困于会稽也，喟(kuì)然[①]叹曰："吾终于此乎？"大夫种曰："何遽(jù)[②]不为福乎！"吴既赦越，勾践返国，乃苦身焦思，置胆于坐，坐卧即仰胆，饮食亦尝胆也。曰："汝忘会稽之耻耶？"十年生聚，十年教训，卒沼吴以雪耻。

【注释】

①喟然：形容叹气的样子。

②遽：这里是竟、还的意思。

【译文】

周朝时候，越王勾践被吴国围困在会稽。他叹气说："我难道就这样完了吗？"他的臣子大夫种说："说不定这个还是福呢！"后来吴国赦免了越国，越王勾践回到自己国家，非常辛苦地劳作，苦苦地思索，把一个苦胆放在自己坐的地方。每逢坐的时候和睡的时候都仰望这个苦胆，吃喝的时候也尝这个苦胆，并且对自己说："你难道忘记了会稽的羞耻吗？"于是，他费了十年工夫发展生产，又费了十年工夫教育百姓。最后终于消灭吴国，一洗当时在会稽失败的羞耻。

相如称疾

相如忍辱　秦不加兵　廉颇感化　请罪负荆

【原文】

周蔺相如、廉颇，同仕[①]赵。相如位居颇上，颇欲辱之，相如每称疾引避，人皆耻之。相如语舍人曰："秦不敢加兵于赵，以吾两人在也。吾所为者，先国家之急，而后私仇也。"颇闻之。肉袒负荆，造[②]门请罪，遂为刎颈交。

【注释】

①仕：指做官，出仕。

②造：拜访。

【译文】

蔺相如和廉颇一同在赵国做官。蔺相如的官比廉颇大，廉颇心里气愤，想要羞辱蔺相如一番。可是蔺相如每次总推说有病避开了。大家都替他羞耻，蔺相如就对左右亲近的人说："秦国之所以不敢用兵来攻打赵国，就是因为我们两个人在的缘故。我们一定要以国家的事为先，然后再计较私人的恩怨。"廉颇听到这番话，就解去了上衣，背了荆杖，到蔺相如的门上去请罪，两个人结成了生死之交。

乳母愧逆

魏节乳母　护主忠忱　耻行逆乱　不羡千金

【原文】

周秦灭魏，杀魏王瑕及诸公子，而一公子不得，令曰："得之者赏千镒，匿之者夷三族。"节乳母偕公子逃，故臣劝乳母言之，乳母曰："见利反上，逆也；畏死弃义，乱也；行逆乱以求利，是无耻也！吾何面目而生耶？"秦军追见，争射之，乳母以身蔽，着数十矢[①]，与公子俱死。

【注释】

①矢：箭。

【译文】

周朝时候，秦国灭了魏国。杀了魏王瑕和许多公子。只有一个公子寻不着，就下了一道命令："谁捉到这个公子就赏他二万四千两银子，谁藏匿这个公子就要灭他的三族。"那时候乳母同这个公子逃了，旧时的臣子劝乳母去告发。乳母说："见有利就反君上，这就是逆；害怕被杀就弃了义气，这就是乱；行了逆乱去求自己的利益，这就是没有羞耻！我还有什么面目活在世上呢？"秦国的军队追上来看见了，大家争着用箭来射他，乳母用自己的身体遮着公子中了几十箭，和公子一同死了。

刘宽多恕

刘宽示辱　仅以蒲鞭　失牛误认　徒步归焉

【原文】

汉刘宽，温仁多恕。有失牛者，就宽车认之。宽下驾步归有顷，失牛者得牛送还，谢曰："惭负长者，随所刑罪。"宽曰："物有相类，事容脱误，幸劳见归，何为谢之？"州里服其不校。典历[1]三郡，吏民有过，但以蒲鞭示辱。

【注释】

①典历：掌管，经历。

【译文】

东汉刘宽为人温和仁厚。有个人遗失了一头牛，就把刘宽驾车的牛认做他的牛。刘宽就下了车，一步一步地走回到家里。过了一会儿，失牛的人把自己的牛寻着了，就把刘宽的牛仍旧送回来还给刘宽，并且谢罪说："我很惭愧，对不住你，随你办什么罪好了。"刘宽说道："东西或者有相像的，事情或者有错误的。既然你很辛苦地来送还了我，何必还要谢罪呢。"那地方上的人很服刘宽的不计较。刘宽先后做了三郡的太守，每逢下属和百姓们有了过失，只用蒲草做的鞭子打他们，以示为一种耻辱。

甄宇瘦羊

博士甄宇　耻众分羊　特取瘦者　千古名扬

【原文】

汉甄宇，字长文。建武中，每冬日，诏赐博士一羊，羊有大小肥瘦，诸博士[1]争羊不已，欲杀羊分肉。宇时为博士，以分羊为耻，因先自取其最瘦者，乃免争。后帝知其事，因呼宇为"瘦羊博士"。

【注释】

①博士：古义为博通古今的人。

【译文】

东汉甄宇，字长文。在光武皇帝建武年间，每逢冬天寒冷的时候，皇帝下诏赏赐五经博士们每人一只羊，可是羊有大小肥瘦不同。因此许多博士们争夺那些大的、肥的羊，闹得不可开交，甚至于要把羊先杀了，大家再均匀地分肉，以免互相争夺。这时候，甄宇也是做着五经博士的，他觉得杀羊分肉是很羞耻的事，因此就先拣了一只最瘦小的羊，于是才避免了这种无谓的争执。后来光武皇帝晓得了这一事，就把甄宇叫作“瘦羊博士”。

王烈遗布

彦方盛德　化及盗牛　使人遗布　激改愆尤

【原文】

汉王烈，字彦方。乡里有盗牛者，主得之。盗请罪曰：“刑戮[①]是甘[②]，乞[③]不使王彦方知也。”烈闻，使人谢之，遗布一端。或问其故，烈曰：“盗惧我闻其过，是有耻心，耻恶必能改善，故以此激之。”后有人遗[④]剑于路，盗为守之。

【注释】

①刑戮：受刑罚。

②甘：甘愿。

③乞：向人求讨，请求。

④遗：赠送。

【译文】

东汉人王烈，字彦方。他的乡里有个偷牛的人，把人家的牛偷了去，牛主人把这个偷牛的人捉到了。那个偷牛的人就告了罪说道：“我偷了你的牛，现在受你的刑罚，我是甘心愿意的，可是请你千万不要让王彦方知道了。”王烈听了后，就差人去谢那偷牛的人，并且送了他一匹布。有人问王烈这是什么缘故，王烈道：“偷儿恐怕我晓得他的过失，这就是有了羞耻的心，既然对于恶事有羞耻的心就是能够改善的，所以我用这个方法去激励他。”后来有一个人把一柄宝剑遗失在路上，那个以前偷牛的人就替他看守着。

管宁善化

管宁割席　以愧希荣　牵牛代牧　备汲息争

【原文】

汉管宁，少与华歆同席肄（yì）业①。有乘轩②过门者，歆废书往观。宁遂割席分坐，曰："子非吾友也。"邻有牛暴田，宁为牵牛著凉处牧之。牛主大惭，若犯严刑。里中有井，汲③者争先而斗，宁多买汲器，置井旁，乃各自悔责。

【注释】

①肄业：古义为修习学业。今称在学校学习没有毕业或尚未毕业的为"肄业"。

②轩：指古代一种有围棚或帷幕的车。

③汲：从井里打水。

【译文】

东汉时期的管宁，小时候和华歆在同一张席子上读书。有个做官的人坐车经过门口，华歆就抛了书本去看，管宁因此将席子割为两半，彼此分开各自独坐。管宁对华歆说："你不是我的朋友啊。"邻舍人家有一头牛在田里乱跑，管宁就牵着牛到清凉的地方吃草，并且替他们看守着。牛主人很惭愧，好像犯了严重的罪一样。乡里有一口井，打水的人为了抢先争斗起来，管宁就买了许多打水的器具盛了水放在井旁边。于是抢先打水的人都悔悟了。

谧婶惭泣

皇甫任氏　继谧为子　若不显扬　惭见伯姒

【原文】

晋皇甫谧叔母任氏，无子，立夫兄子谧为嗣。谧年二十不好学，尝得瓜果进任氏，任氏曰："三牲之养，未足为孝。显亲扬名，孝之大者。吾家世凋零，子复不好学，何以慰先人之望？吾死，惭见伯姒[1]于地下矣!”因对之涕泣,谧亦感泣就学。卒成大儒,号玄晏先生。

【注释】

①伯姒:兄嫂。

【译文】

晋朝皇甫谧的叔母任氏,自己没有儿子,所以过继了夫兄的儿子皇甫谧做自己的儿子。皇甫谧二十岁了,不喜欢读书。有一次得了瓜果拿去奉给任氏。任氏说:“就是天天用三牲来养我也算不得孝。要是你有了学问,名声远扬,荣耀父母,那才算是大孝。我们的家世已经这样的凋落,你又不喜欢读书,怎么可以安慰先人呢?我死了也没有面目去见兄嫂于地下了。”说完话,就对他哭了。皇甫谧痛哭起来,从此改过读书,终于成为一个大学问家,人们都称呼他为“玄晏先生”。

王济不屈

王济不屈　知耻直陈　尺布斗粟　未使亲亲

【原文】

晋王济,尚常山公主。帝尝谓和峤曰:“我欲骂济而后官爵之,何如?”峤曰:“济恐不可屈。”帝因召济,切让[1]之,既而曰:“知愧否?”答曰:“尺布斗粟之谣,尝为陛下耻之。他人能令疏亲,臣不能使亲亲,以此愧陛下矣。”帝默然。

【注释】

①让:这里是责备、谴责的意思。

【译文】

晋朝王济,娶了常山公主做妻子。有一次,皇帝对和峤说:“我要把王济先骂一番,然后再给他官爵,你看怎么样。”和峤说:“恐怕王济是一个不可屈服的人啊。”皇帝就把王济召了来,切切实实地责备他,然后又问道:“你晓得惭愧了吗?”王济对答道:“从前汉朝淮南王的时候，有一首‘一尺布，尚可缝。一斗粟，尚可舂。兄弟二人不相容’的童谣，这个是做臣子的替陛下很羞耻的，别人家能够使得皇上疏远亲族。可是做臣子的不能够使得皇上亲睦亲族。这个也是做臣子的很惭愧的啊。”皇帝听了这一番话，一声也不响了。

吉翂(fēn)拒举

梁有吉翂　孝行纯笃　因父求名　引为耻辱

【原文】

梁吉翂，字彦霄，冯翊人。天监初，父为奸吏所诬，罪当死。年十五，挝(zhuā)[①]登闻鼓乞代。武帝释之。丹阳令王志欲举翂纯孝。翂曰：“是何量之薄也！父辱子死，道固当然；若当此举，是因父求名，何辱如之！”固拒而止。

【注释】

①挝：打，敲打。

【译文】

吉翂，字彦霄，是冯翊地方的人。在梁朝天监初年，他的父亲被奸臣诬陷，罪当论死。这时候吉翂才 15 岁，他敲着朝堂上伸冤的鼓，要求替父亲去死。武帝就把他的父亲释放了。丹阳县令王志要把吉翂当作纯孝的人荐举到朝廷里去。吉翂说道：“你为什么这样小看我呢？父亲有了耻辱做儿子的代替去死，这在道理上是应该的。倘若我应了这个选举，那就是因了父亲去求名誉，天底下没有像这样大的耻辱了。”吉翂执意拒绝，王志只好把荐举的事放弃了。

崔卢仕训

崔母卢氏　训子官箴　轻裘肥马　内愧于心

【原文】

唐崔玄母卢氏,有贤操。尝诫子曰:"吾闻从官者,有人言其贫无以自存,是好消息。若资财充足,裘马轻肥,是恶消息。苟以禄廪(lǐn)[1]奉亲,则可;不然,何异盗乎?纵无大咎,独不内愧于心?汝为吏,若不忠清,何以戴天履地?宜识吾言。"故以清白名。

【注释】

①廪:米仓,亦指储藏的米。禄廪指官府供给的俸钱和俸米。

【译文】

唐朝崔玄的母亲卢氏有贤良的操守。有一次,卢氏训诫儿子道:"我每每听到有在外做官的,人家说他穷得不能够自活,这就是好的信息。若是积蓄的资财很充足,穿着轻软的大衣,骑着肥壮的马,这就是不好的消息。倘若能够用做官所得的俸禄奉养双亲,那是可以的。倘若不是这个样子,那么同强盗们有什么区别呢?就算没有大的过失,难道自己心里也不知道惭愧吗?你做了官,倘不忠诚廉洁,怎么可以在天地间做人呢?应当牢牢地记着我的话。"因此崔玄以清白的声誉为人所知。

钱徽焚书

钱徽得书　取士无私　受诬不辨　出书焚之

【原文】

唐钱徽,为礼部侍郎。宰相段文昌、学士李绅,并以所善委徽,求致第籍。徽不能如二人请。文昌即奏徽取士以私,贬江州刺史。或劝徽出文昌书自直,徽曰:"苟无愧于心,安事辨证耶?"敕子弟焚之。后拜吏部尚书。

【译文】

唐朝钱徽是礼部侍郎。宰相段文昌和学士李绅请钱徽让他们的朋友通过考试。钱徽拒绝了两人的请求。段文昌就奏到皇帝那里去,说钱徽选拔士子时徇私。钱徽因此被贬到江州地方去做刺史。有人劝钱徽把段文昌写给他的信拿出去表明心迹。钱徽说道："假使在心里没有惭愧，何必去辩驳呢？"叫人把那封信用火烧掉了。后来钱徽一直做到吏部尚书。

余郑羞帅

余妻郑氏　被献文徽　激其羞耻　乃得全归

【原文】

南唐将王建封，伐闽，获闽将余洪敬妻郑氏，威逼势胁不可夺。乃献于主帅查文徽，查将使荐枕，郑氏正色曰："王师[①]吊伐，褒忠旌节，以扬风化。建封出于行伍[②]，尚不污节义，君元帅也，奈何欲加非礼于一妇人，以逞无耻之欲耶？妾有死而已！"查惭，乃访其夫而归之。

【注释】

①王师：指国家的军队。

②行伍：泛指军队。

【译文】

南唐将军王建封去攻打闽国，把闽国将军余洪敬的妻子郑氏捉住了，威逼她做苟且的事情，郑氏不肯屈服。王建封就把郑氏献给主帅查文徽，查文徽叫郑氏侍寝，郑氏正色说道："朝廷的兵出来吊民伐罪，应当奖赏尽忠的男子，旌表守节的妇人。王建封是军队里的人，尚且不肯侮辱有节操、有义气的妇人。你是堂堂一个大元帅，怎么可以用非礼的行为对待一个妇人，来满足自己无耻的私欲呢？我只有一死了。"查文徽听了很惭愧，就找到了他的丈夫，让二人团聚。

庐革避试

庐革应举　耻荐以私　去弗就试　上谕嘉之

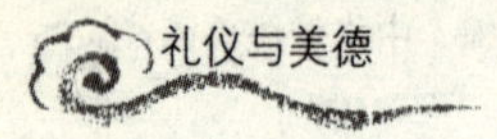

【原文】

宋庐革，字仲辛，吴兴人，少举童子。知杭州马亮见所为诗，异之。时值贡举，亮戒主司勿遗革。革闻曰："以私得荐，吾耻之。"去弗[1]就试。后二年，遂首选，至登第，年方十六。神宗谓宰相曰："雅闻革廉退士也，宜拜嘉郡守。"

【注释】

①弗：不。

【译文】

宋朝庐革，字仲辛，是吴兴地方的人，少年时被举为童子。杭州知府马亮，看见了庐革所作的诗，觉得很惊奇。这时候刚刚逢着了考试，马亮就叮嘱主考官，不要漏下了庐革。庐革听到了就说道："如果因为私托考取了，这是我所羞耻的。"所以未参加考试。后来过了两年才去考，中了第一名。到了及第的时候，年纪只有十六岁。神宗皇帝对宰相说："一向晓得庐革是一个有廉耻、淡泊名利的读书人，应当叫他做嘉郡地方的太守。"

纯仁无愧

宋范纯仁　坦白胸襟　不援维例　无愧于心

【原文】

宋范纯仁，尝与司马光论役法，不合。后朝廷治司马党，韩维以执政日与光不合，得免。或劝纯仁援[1]维为例。纯仁曰："吾昔与君实同朝论事不合，则可。以为今日解脱地，则不可。有愧心而生，孰若无愧心而死乎？"

【注释】

①援：此处为引用的意思。

【译文】

宋朝范纯仁曾经和司马光争论劳役的征法，意见不同。后来朝廷惩治司马光一党的人。韩维因为从前做官的时候和司马光意见不合，因此免了罪。有人劝范纯仁依据韩维的例子去要求免罪，范纯仁说道：“我从前和司马君实同在朝廷里论事，意见不合，那是可以的。要把这个当作现在脱罪的理由那是不可以的。况且一个人与其蒙羞活着，还不如无愧死去好呢！”

王恕羞贽[①]

太宰王恕　羞言贽仪　辄引古训　以告人知

【原文】

明王恕，尝语人曰：“宋人有言‘凡仕于朝者，以馈遗(wèi)[②]及门为耻；仕于外者，以苞苴(bāo jū)[③]入都为耻’。今动辄曰贽仪，而不羞于人，我宁不自耻哉?”生平奏疏甚多，贵近侧目。

【注释】

①贽：古时初次求见人时所送的礼物，见面礼。现为赠送的意思。

②馈遗：馈赠。

③苞苴：包装鱼肉等用的草袋。指馈赠的礼物。

【译文】

明朝王恕，他曾经对别人说道：“宋朝有一句话说，凡是在朝廷里做官的人，都觉得礼物送到门口来是很羞耻的。在外地做官的人觉得把礼物送到京城里去是很羞耻的。可是现在做官的人动不动就说送礼。人家虽然不来羞辱我，难道我自己也不觉得羞耻吗?”王恕平生上到皇帝那里去的奏疏很多，朝廷里的大臣和皇帝身边的亲信都惧怕得不敢正眼去看他。

主要参考书目

北京市职业技术教育教材编审委员会:《礼仪常识》,科学普及出版社 1994 年版。

王朝闻主编:《美学概论》,人民出版社 1981 年版。

庄志民主编:《审美活动与性格塑造》,上海人民出版社 1986 年版。

[美]戴尔·卡耐基:《卡耐基人际关系手册》,浙江文艺出版社 1987 年版。

陶倩、钱孝先主编:《青少年社交礼仪训练读本》,红旗出版社 2001 年版。

白巍:《社交礼仪》,农村读物出版社 2000 年版。

裴少桦编著:《学做绅士与淑女》,杭州出版社 2000 年版。

鲍日新、王焕适、刘锦东主编:《现代社交礼仪》,军事科学出版社 1998 年版。

曹家正、庄志民主编:《中学生礼仪美育》,上海教育出版社 1999 年版。

于明主编:《礼仪全书》,国际文化出版公司 1993 年版。

后　记

学校工作是一项艰巨而伟大的育人工程，在经济飞速发展、政治生态和社会生态愈加要求明礼诚信的今天，学校的育人工程不但要跟上时代的步伐，更要走在社会发展的前列，对社会的发展和人类的进步起到导向和引领的作用。今日之学子就是明日之社会栋梁，是文明和美德的践行者和传承者。为了顺应社会的发展，加快教育教学改革步伐，在深化课堂教学改革的同时，对学生进行思想道德教育和礼仪美德教育尤显重要。在几年的环境育人、养成教育、成功教育、礼仪教育、感恩教育、国学与美德教育等教育实践活动中，我们经过反复的实践与探索，逐渐形成了一系列文稿，编者在其基础上编写了宁陵县实验中学校本教材系列丛书，以期更多的学子从该校本教材中汲取些许精神食粮，健康成长。同时，这也是对我校育人成就的一种肯定。

在此系列丛书的编写过程中，我们得到了上级领导、学校同仁和关心我校工作的朋友、家人及社会各界的大力支持和无私帮助，在此谨表示诚挚的谢意！

另外，由于本书的体例关系，我们对书中所引用的内容没有进行注解，在书后特附“主要参考书目”一份，以表示对本书所引用和所参阅文献的作者、译者和出版单位真诚的谢意!

然由于成书仓促,加之编者才疏学浅,本书缺点在所难免,诚恳希望广大师生朋友给予建议和批评指正,以便我们进一步做好此项工作。

编　者

2016 年 8 月